Peter Lückemeier und Stefan Schröder

SELFMADE

Peter Lückemeier und Stefan Schröder

SELFMADE

Bülent Emekci –
eine außergewöhnliche Karriere

Frankfurter
Allgemeine
Buch

Bibliografische Information der Deutschen Nationalbibliothek
Die Deutsche Nationalbibliothek verzeichnet diese Publikation in der Deutschen Nationalbibliografie; detaillierte bibliografische Daten sind im Internet über http://dnb.d-nb.de abrufbar.

Frankfurter
Allgemeine
Buch

Frankfurter Allgemeine Buch
Pariser Straße 1
60486 Frankfurt am Main
Kontakt: buch@fazbuch.de

Umschlag & Satz: Nina Hegemann
Fotos: © Bülent Emekci
Druck: CPI Books GmbH, Leck
Printed in Germany

1. Auflage
Frankfurt am Main 2025
ISBN 978-3-96251-214-9

Frankfurter Allgemeine Buch hat sich zu einer nachhaltigen Buchproduktion verpflichtet und erwirbt gemeinsam mit den Lieferanten Emissionsminderungszertifikate zur Kompensation des CO_2-Ausstoßes.

Inhalt

Vorwort

Die Erfolgsgeschichte, die Sie in diesem Buch in den Händen halten, ist weit mehr als der Aufstieg eines Mannes von bescheidenen Anfängen zu großem unternehmerischem Erfolg. Sie steht stellvertretend für das Potenzial, das in der Vielfalt unserer Gesellschaft steckt – ein Potenzial, das oft übersehen, unterschätzt oder gar infrage gestellt wird.

Die Geschichte von Bülent Emekci setzt der häufig negativen Berichterstattung über zugewanderte Menschen und deren Nachkommen etwas entgegen und weist auf die zahlreichen Positivbeispiele hin: Menschen mit Einwanderungsgeschichten sind Ärztinnen und Anwälte, arbeiten in der Pflege oder als Handwerker, spielen in der Fußballnationalmannschaft oder sind erfolgreiche Unternehmer wie Bülent Emekci und seine Söhne. Geschichten wie diese machen deutlich, wie bereichernd und fruchtbar Vielfalt in unserer Gesellschaft ist.

Solche Geschichten machen aber nicht nur Mut, sie erinnern uns auch daran, wie entscheidend es ist, Menschen die Unterstützung und Möglichkeiten zu geben, die sie verdienen – unabhängig von ihrer Herkunft, ihrem Namen oder der Geschichte ihrer Familie.

Die Deutschlandstiftung Integration setzt sich seit vielen Jahren dafür ein, dass talentierte junge Menschen mit Einwanderungsgeschichten Hürden überwinden können und Zugänge erhalten, die ihnen in unserer Gesellschaft häufig noch verwehrt sind. Mit ihren Förderprogrammen schafft die Deutschlandstiftung berufliche Netzwerke und bildet eine Gemeinschaft junger Menschen, die ähnliche Erfahrungen teilen. Die Arbeit der Stiftung hat zum Ziel, dass junge Erwachsene mit Einwanderungsgeschichten dieselben Chancen bekommen wie Menschen, deren Eltern seit vielen Generationen in Deutschland leben und dass ihre Erfolgsgeschichten noch selbstverständlicher werden. Als Stiftungsratsvorsitzender der Deutschlandstiftung Integration und als Mentor habe ich die Freude, zahlreiche beeindruckende junge Menschen mit Einwanderungsgeschichten zu erleben – Menschen, die unsere Gesellschaft mitgestalten und die Vorbilder – die sie selbst oft nicht hatten – für die nächsten Generationen sein wollen.

Die Geschichte, die hier erzählt wird, ist die Geschichte eines Vorbilds. Sie handelt von einem „Gastarbeitersohn“, der mit fünf Jahren aus der Türkei nach Deutschland kommt und sich mit Ehrgeiz, Fleiß und Geschick zum erfolgreichen Unternehmer hocharbeitet. Welchen beruflichen Weg er gegangen ist und was er aus sich gemacht hat, ist beeindruckend. Doch es wäre eine Verkürzung seines Werdegangs, nur auf den sichtbaren Erfolg zu blicken – auf das weltweit agierende Unternehmen mit mehreren europäischen Standorten oder auf Bülent Emekcis Rolls-Royce-Sammlung. Vielmehr lehrt uns seine Biografie, dass harte Arbeit und Entschlossenheit, Hindernisse zu überwinden, aber auch Weggefährten und Unterstützer der Motor hinter diesem Erfolg sind.

Dieses Buch ist eine Ermutigung für all jene, die an sich glauben, aber auch ein Appell an uns als Gesellschaft, das Potenzial, das jeder Mensch mitbringt, gleichermaßen zu fördern. Es zeigt auch, was noch möglich ist, wenn wir Türen öffnen und Netzwerke stärken.

In diesem Sinne wünsche ich Ihnen nicht nur inspirierende Lesestunden, sondern auch die Zuversicht, dass Beispiele wie das von Bülent Emekci – Berufswege von engagierten Menschen mit Einwanderungsgeschichten – noch mehr zur Normalität in unserem Land werden.

Christian Wulff
Bundespräsident a. D.
Vorsitzender des Stiftungsrates
der Deutschlandstiftung Integration

Einleitung

Das ging schief. Deutschlands Bundespräsident Frank-Walter Steinmeier brachte im April 2024 einen 60 Kilogramm schweren Dönerspieß mit nach Istanbul. Ein Gastgeschenk. Der Anlass für seine Reise war hochpolitisch. Man beging das Jubiläum 100 Jahre diplomatische Beziehungen zwischen Deutschland und der Türkei. Beim Empfang in der Sommerresidenz des deutschen Botschafters im Istanbuler Stadtteil Tarabya las der Schriftsteller Dinçer Güçyeter vor, Steinmeier vergaß nicht zu erwähnen, dass (zu jener Zeit) der Kapitän der deutschen Fußballnationalmannschaft İlkay Gündoğan ein in Gelsenkirchen geborener Sohn türkischer Migranten sei. Aber allen Beteiligten stach der Anblick des Fleischklopses am Spieß in die Augen, angerichtet von dem Starkoch Arif Keleş aus Berlin, der Steinmeier begleitete. Letzterer wurde nicht müde, die Leistungen der Gastarbeiter aus Anatolien für das Wirtschaftswunder an Rhein, Main und Ruhr zu loben: „Heute leben in unserem Land fast drei Millionen türkeistämmige Menschen, die unsere Gesellschaft mitprägen und -gestalten. Sie haben unser Land mit aufgebaut, sie haben es stark gemacht und sie gehören ins Herz unserer Gesellschaft." Es fehlten nicht die Geschichten vom Kumpel aus der Zeche und dem Schrauber am Fließband bei Ford, während den Gästen der Dönerduft in die Nase stieg. Beobachter sprachen von purem Orientalismus. So weit muss man nicht gehen. Immerhin darf der Döner in seiner deutschen Adaption auch als eine Art Migrant angesehen werden, aber diese Gesten, diese Bilder steckten voller Klischees. Denn die Gegenwart ist längst eine andere.

Die Migranten haben nicht nur Deutschland verändert, ihre neue Heimat hat umgekehrt Wirkung auch bei ihnen hinterlassen, vor allem in der zweiten, dritten und vierten Generation. Deren Biografien lesen sich anders als die ihrer Väter und Mütter. Nicht mehr die Zeche, sondern das Labor, weniger Fließband mehr Hightech tauchen in den Lebensläufen auf. Bei Unternehmensgründungen dominieren nicht mehr die Lebensmittelläden oder Dönerimbisse. Doppelt so häufig wie Deutsche gründen heute Migranten Firmen. Allein die türkischstämmigen Unternehmer beschäftigen zwischen Flensburg und Rosenheim 500.000 Mitarbeiter bei einem Jahresumsatz von 50 Milliarden Euro.

Nichts gegen den Stargastronomen Keleş, Liebe geht schließlich durch den Magen, aber der Bundespräsident hätte noch viele andere Menschen mit in sein Flugzeug einladen können: Uğur Şahin und Özlem Türeci, die Gründer von Biontech und Entwickler des ersten Impfstoffs gegen das Virus Covid-19, oder den Unternehmer Müfit Tarhan, der mit der Firma Humintech Produkte der Biotechnologie von Deutschland aus in 70 Länder exportiert. Wie wäre es mit Rukiye Tunç? Sie leitet das Logistikunternehmen Tunç Trans. Oder Bülent Emekci (sprich: Emektschi) aus Mörfelden-Walldorf, von dem in diesem Buch die Rede sein soll.

Seine Geschichte ist nur scheinbar die eines Wirtschaftswunders: Ein kleiner Junge kommt mit fünf Jahren nach Deutschland. Er versteht kein Wort Deutsch, besucht in Mörfelden-Walldorf eine rein türkischsprachige Klasse, lernt erst allmählich die neue Sprache. Aber er sucht sich Vorbilder, orientiert sich an den Besten, entdeckt seine Begabung für Mathematik und die naturwissenschaftlichen Fächer. Er studiert, erprobt sich nebenher in allerlei Jobs und beginnt – eher zufällig – seine Karriere als Unternehmer.

Als hätte er die Jahre des Ausprobierens wie ein großes Kräftereservoir genutzt, zeigt sich plötzlich seine ganze Energie: Eine kleine technische Neuerung führt zu einer Geschäftsidee, die er mit Tatendrang umsetzt. Per Zufall stößt Emekci auf ein weiteres Betätigungsfeld – abermals mit großem Erfolg. Der studierte Ingenieur besitzt dank seiner Neugierde am Probieren und Testen eine Fülle deutscher und internationaler Patente. Kein Einzelfall: Mittlerweile stammt jede achte Patentanmeldung in Deutschland von einem Menschen mit Migrationshintergrund.

Der Mann hat aber nicht nur Energie. Er hält sich nicht lange mit Problemen auf, sondern sucht nach deren Lösungen. Und er kann mit Menschen umgehen, mit Kunden und Mitarbeitern. So expandiert sein Unternehmen, in dem mittlerweile die dritte Generation Emekci, seine Söhne Can und Deniz, mitarbeitet. Den finanziellen Erfolg versteckt er nicht. Drei Rolls-Royce und andere wertvolle Luxusfahrzeuge dokumentieren seinen Aufstieg, den er fortsetzt, ausbaut und mit weiteren sichtbaren Zeugnissen untermauert, wie beispielsweise mit dem Erwerb eines Flugzeuges und der Übernahme eines feinen Restaurants in Bad Homburg.

Emekcis Weg vom Gastarbeitersohn zum Millionär steht stellvertretend für eine Generation von Aufsteigern. Ja, richtig, nur wenige haben angesichts vieler Hemmnisse, Hürden und Wagnisse solch eine sagenhafte Reise unternommen. Das Erstaunliche an dem Erfolg Bülent Emekcis ist: Er selbst sagt von sich, er habe diese Erfolge mit Fleiß und Geschick erzielt, also Tugenden, die gemeinhin als deutsch gelten. Deshalb ist diese Schilderung einer Karriere kein Märchen oder gar die Nacherzählung eines Wunders. Denn Emekci ist im Laufe seiner beruflichen Laufbahn nichts in den Schoß gefallen, geschenkt hat man ihm schon gar nichts. Diese Erfahrung teilt er sicher mit vielen. Dennoch, es muss außer harter Arbeit noch einen weiteren Motor gegeben haben, der ihn auf seinem Weg angetrieben hat. Wenn eines verblüfft, dann ist es seine Fähigkeit, nach Rückschlägen wieder aufzustehen und Menschen sein Vertrauen zu schenken, obwohl er oft genug betrogen worden ist. Gemeinhin würde man heute so etwas Resilienz nennen.

Sein Hang zu schönen Dingen, zu schnellen Autos und guter Kleidung sollte nicht darüber hinwegtäuschen, dass ihm im Laufe der Jahre eines klar geworden ist: „Du kannst nichts mitnehmen!" Nicht am Ende seiner Lebensgeschichte steht diese Erkenntnis, aber sie erreicht ihn zu einem Zeitpunkt, zu dem sich dieser reiche Mann vieles leisten kann und dabei spürt, dass andere Werte als die, die man sich kaufen kann, in Wirklichkeit zählen. Klingt kitschig, ist aber eine der Lehren, die dieser Erfolgsmensch nach einer Achterbahnfahrt aus Misserfolgen und Erfolgen gezogen hat.

Diese, seine, Geschichte stützt sich hauptsächlich auf die persönlichen Schilderungen des Protagonisten. Ergänzt und bereichert werden diese durch die Eindrücke einer Reihe von Begleiterinnen und Begleitern, die den Selfmade-Millionär teils schon als Schüler oder jungen Mann kannten, ihn als Geschäftsmann oder Freund erleben und daher ein – durchaus manchmal kritisches Licht – auf ihn werfen. Ihnen sei an dieser Stelle für ihre Zeit und die offenen Worte gedankt.

Wie nah Glück und Leid beieinanderliegen können und wie jäh eine Lebensgeschichte zu Ende gehen kann, ist den an diesem Werk Beteiligten drastisch vor Augen geführt worden. Peter Lückemeier hatte Bülent Emekci im Laufe seiner beruflichen Tätigkeit als Ressortleiter der Frankfurter Allgemeinen Zeitung kennengelernt und später als freier Autor publizistisch begleitet. Daraus entstand die Idee für dieses Buch. Als schon viele Gespräche geführt und große Teile des Manuskripts geschrieben waren, musste Peter Lückemeier wegen einer schweren Erkrankung die Arbeit einstellen. Die jahrzehntelange Verbundenheit mit diesem großartigen Menschen hat mich nicht zögern lassen, als ich gebeten wurde, das Buch zu Ende zu führen. Dank der freundlichen Unterstützung durch Daniela Schiller-Lückemeier konnte ich nach seinem überraschenden Tod auf alle Aufzeichnungen und Texte zurückgreifen.

Ein besonderes Dankeschön gebührt dem Mann, von dem dieses Buch handelt. Sich auf diese Weise für die Öffentlichkeit zu öffnen, ist nicht selbstverständlich. Wer das als pure Selbstdarstellung oder Eigenmarketing abtut, überliest wichtige Partien des Buches. In denen bekennt sich Bülent Emekci zu seinen Fehlern, berichtet von bitteren Lehren und erzählt bei allem Stolz über materiellen Reichtum davon, wie wichtig ihm immaterielle Werte sind. Er selbst äußert sich nur zurückhaltend zu seinen Vorbildern. Alle, die er nennt, haben schwache Seiten, und manche haben ihn enttäuscht. So mag umgekehrt der Lebensweg Emekcis ein Beispiel sein, vielleicht ein Vorbild, dem man nacheifern kann. Wenn man bereit ist, Opfer zu bringen.

KAPITEL 1

„Der Schrank wurde einen Meter von der Wand gerückt"

Die Anfänge in der Ein-Zimmer-Wohnung / Mit fünf Jahren nach Deutschland / Auf der Suche nach Vorbildern

Schrottwert. Totalschaden. Mit einem Anflug von Galgenhumor lässt sich der leidenschaftliche Autofahrer Bülent Emekci im Sommer 2017 vor einem Blechhaufen fotografieren, der mal ein Flügeltüren-Mercedes, ein SLS, gewesen ist. Davon, wie es zur Zerstörung seines Lieblingsgefährts kam, wird später mehr berichtet. Wichtig ist: Der Geschäftsmann, damals Anfang fünfzig, hat den Unfall überlebt und sieht seitdem vieles in seiner Biografie mit anderen Augen. Den Wert des Lebens, er hat ihn bis zu diesem Tag auf der Autobahn A5 meist in Euro und PS gemessen. Schließlich gingen damals mehr als 200.000 Euro in die Schrottpresse. Erst mit der Zeit ist ihm klar geworden, dass Glück nicht in dieser

Währung gemessen werden kann. Auch wenn Bülent Emekci vorhat, noch eine ganze Reihe von Jahren zu leben und dieses Leben mit seiner Familie und den Freunden zu genießen, begann der Erfolgsmensch über das Erreichte nachzudenken. Zum Beispiel darüber, warum ihm materielle Werte viele Jahre so immens wichtig gewesen sind. Es war nicht schwer herauszufinden, dass dies mit seiner Herkunft und mit seiner Umgebung zu tun hatte, die ihn geformt haben. Also beginnen wir mit der Ursachenforschung.

Auf die Frage nach seinen drei Haupteigenschaften muss Bülent Emekci nicht lange nachdenken. „Ehrgeizig“ nennt er an erster Stelle. Dann sagt er, er sei leicht zu motivieren, aber schwer zu beeindrucken. Und drittens ist er lösungsorientiert.

Alle drei Faktoren, die ihm so spontan in den Sinn kommen, kreisen um den Leistungsbegriff. Die Frage nach seinem größten Fehler beantwortet Emekci blitzschnell: Er ist zu ungeduldig. Damit befindet er sich in bester Gesellschaft. Auch in dem berühmten Fragebogen des Schriftstellers Marcel Proust hatten im Magazin der Frankfurter Allgemeinen Zeitung gefühlte 95 Prozent der Prominenten ihre Ungeduld als größte Schwäche bezeichnet. Emekci möchte gern, dass seine Gesprächspartner schnell „auf den Punkt kommen“. Tun sie das nicht, schaltet er schon mal ab. Er betrauert die verlorene Zeit und schickt seine Gedanken auf Reisen. Einer seiner beiden Söhne sagt manchmal: „Vater, komm mal wieder zurück zu uns.“

Wer kennt ihn besser als die Ehefrau? „Er hat ein großes Herz, er ist sehr liebenswürdig, sehr streng. Er ist direkt. Kann andererseits auch diplomatisch sein“, sagt Annette

Emekci über ihren Mann, den sie seit 1987 kennt. Ein typischer Zwilling vom Sternbild sei er, habe zwei Gesichter. „Der harte Geschäftsmann, aber den weichen Kern, den hat er genauso."

Ungeduld und Leistungsbereitschaft – schnell spürt man im Gespräch mit dem 1968 in Ankara geborenen Unternehmer, dass er sich selbst und anderen etwas abverlangt. Natürlich hat das etwas mit dem zu tun, was er selbst erlebt und wer ihn geprägt hat.

Beginnen wir also mit den Menschen, mit denen immer alles anfängt, den Eltern.

„Mein Vater Mehmet", sagt Emekci, „ist ein sehr bestimmender Mann, der gern alles kontrolliert und die Richtung vorgibt." Jahrzehntelang verkörperte der Senior, so geht aus den Erzählungen hervor, das klassische Familienoberhaupt. Ein Mensch mit herzlichen Zügen, der dem anderen aber auch viel abfordert. Und der Vater muss heute feststellen, dass viele Menschen seine Ratschläge nicht mehr so willig annehmen wie früher. Das gilt auch und vor allem für die Mitglieder seiner Familie. Die Welt sei nicht mehr so patriarchalisch, fügt der Sohn erklärend hinzu.

Bei dem Versuch aufzuzeigen, welche Veränderungen gerade die erste Generation der Migranten, die man damals noch „Gastarbeiter" nannte, durchleben musste, hilft ein Blick auf die Lebensgeschichte des Mehmet Emekci. Er kommt als Sohn eines Bürgermeisters und Bauern zur Welt, in einer fast ausschließlich landwirtschaftlich geprägten Region der Türkei. Mitte der vierziger Jahre des vergangenen Jahrhunderts lebten drei Viertel der Türken noch auf dem Land. Die große Flucht in die Städte begann gerade erst.

Heute hat sich das Zahlenverhältnis umgekehrt. Mehr als 75 Prozent der Türken wohnen in Städten. Aus dem Agrarland, das man kurz nach dem Zweiten Weltkrieg noch Entwicklungsland nannte, ist ein Industriestaat geworden.

Mehmet hatte zehn Geschwister, was damals keine Seltenheit war. Noch 1960 registrierte die Geburtenstatistik des Landes im Durchschnitt 6,4 Kinder je Mutter. Heute sind es weniger als zwei Kinder, womit die Türkei auch in Bezug auf die Bevölkerungsentwicklung im Kreise der Industrieländer angekommen ist.

Der kleine Mehmet befindet sich unter den Brüdern und Schwestern an sechster Stelle. Der Vater des Vaters, Ali Emekci, also Bülent Emekcis Großvater, besaß viel Land, das er bewirtschaftete. Aber den Erwerb dieser Flächen hatte er nur per Handschlag besiegelt, nicht per Kaufvertrag. Das hatte Folgen. Man machte ihm den Besitz streitig, und der Großvater verlor das Meiste. Der Verlust des Landes traf ihn hart. Seinen Sohn Mehmet, Bülent Emekcis Vater, zwang er, seinen eigenen Lebensweg zu gehen. Er sollte nach der Militärzeit, als er Mitte zwanzig war, den Schoß der Familie verlassen und für sich und seine Frau selbst sorgen. Sein älterer Bruder hatte das auf Anraten des Familienchefs bereits vor ihm getan.

▶ Kaçarlı

In Kaçarlı, dem Heimatort der Emekcis, lebten im Jahr 2022 laut offizieller Statistik noch 386 Menschen. Als Vater Mehmet den Ort verließ, wuchs die Gemeinde noch. In den siebziger Jahren erreichte sie mehr als tausend Einwohner, erhielt sogar einen Status als Kleinstadt. Doch wie alle Orte des Bezirks Şereflikoçhisar nahm die Abwanderung mit diesem Jahrtausend dramatisch zu. Inzwischen ist Kaçarlı zu einer sogenannten Nachbargemeinde, einer Art Ortsteil herabgestuft worden. Das Leben dort ist hart, die Böden sind trocken, vor allem Zuckerrüben werden angebaut. Obwohl der Hirfanlı-See, einer der größten Staudämme der Türkei, nur wenige Kilometer entfernt liegt, ist der Wassermangel eines der größten Probleme der Landwirtschaft. Bekannt ist die Region für ein anderes Gewässer, den Salzsee Tuz Gölü. Ankara, die Hauptstadt, ist zugleich auch Sitz einer Provinzregierung, zu der Kaçarlı zählt. Mittlerweile wohnen mehr als 95 Prozent der Bewohner in der Hauptstadt, in den kleinen Landgemeinden leben nur noch drei Prozent. Die Land-Stadt-Flucht hält also unvermindert an.

Mit 24 Jahren verließ Bülent Emekcis Vater 1968 die Türkei, was sein Sohn heute im Rückblick mutig findet: „Er kannte die Sprache nicht, hatte gerade 50 türkische Lira in der Tasche und machte sich dennoch auf in eine ungewisse Zukunft." Damals war sein Plan, nach drei Jahren, in denen er Geld verdienen wollte, wieder nach Hause in die Türkei zurückzukehren. Aus drei wurden fast 50 Jahre.

Mehmet Emekci ging zunächst nach Österreich, nach Telfs in der Nähe von Innsbruck. Doch in der dortigen Lederfabrik gefiel es ihm nicht. Dass die Umstände in Tirol alles andere als günstig für die Neuankömmlinge waren, ergibt sich aus zahlreichen Berichten von Zeitzeugen. Da ist von beengten Wohnverhältnissen und schlechten Arbeitsbedingungen die Rede. Nach kurzer Zeit folgte daher der Umzug nach Mannheim, weil dort Verwandte der Emekcis lebten. Zunächst verdingte sich der junge Mehmet bei Mercedes.

Doch als sich ihm die Chance bot, bei Opel 100 D-Mark brutto monatlich mehr zu verdienen, wechselte er zur Arbeit nach Rüsselsheim und zog nach Mörfelden-Walldorf. Die Doppelstadt im Kreis Groß-Gerau, in unmittelbarer Nähe zum Frankfurter Flughafen, ist auch Bülent Emekcis Lebens- und Wirkungsort. Mit dieser Stadt verbindet ihn eine sehr kritische Sympathie. Emekci Senior sagt zu seinem Sohn: „Wo du dein Geld verdienst, ist dein Zuhause." Der Sohn hadert deswegen manchmal mit dem Vater. Warum habe der sich nicht in den Bergen oder an einem schönen breiten Fluss niedergelassen, sondern in Mörfelden-Walldorf? Der Vater versteht die Frage nicht. Für ihn gab es damals in dieser Gegend die einzige Gelegenheit, gute Arbeit zu bekommen. Außerdem hatte er ohnehin vor, höchstens drei Jahre in Almanya zu bleiben und dann schleunigst mit dem Ersparten in die Heimat zurückzukehren. Dass daraus ein halbes Jahrhundert wurde, hat damit zu tun, dass in der deutschen Fremde eine Familie entstand, deren Nachkommen allesamt eine enge Bindung an die neue Heimat entwickelt haben. Bülent Emekci hat noch eine besondere Beziehung zu Mörfelden-Walldorf. In seinem Geburtsjahr 1968 wurde die Gemeinde überhaupt erst zur Stadt erhoben.

Als der Vater nach Mörfelden-Walldorf zieht, holt er erst seine Frau Yeter und im August 1973 den kleinen Sohn Bülent, damals fünf Jahre alt, aus der Türkei zu sich. Bülent hatte bis dahin bei den Großeltern gelebt. Sein drei Jahre älterer Bruder blieb noch in der Heimat, weil er dort die Schule beenden sollte. Vater, Mutter und Kind leben nun in einer Ein-Zimmer-Wohnung mit Bad und Kochnische. Es sind vielleicht 40 Quadratmeter, auf denen sie sich ihr neues Leben einrichten. Der Vater rückt den Schrank einen Meter von der Wand ab – hier hat jetzt Bülent zwischen Mauer und Schrankwand sein eigenes „Zimmer“.

Bülents Mutter Yeter ist zunächst kreuzunglücklich, wird von Heimweh nach der Türkei, nach ihrer Familie und den Freunden geplagt. Bülent Emekci beschreibt sie als eine sehr liebevolle, sanfte Mutter ihrer drei Söhne. Ihre Tochter hatte sie beerdigen müssen. Das Kind war aufgrund einer falschen Methode, Säuglinge an den Körper zu binden, erstickt.

Seine Mutter, sagt Bülent Emekci, wäre wahrscheinlich noch glücklicher geworden, hätte sie lesen und schreiben gelernt. Sie war als ältestes von fünf Kindern früh von der Schule genommen worden, weil die Eltern sie als Hilfe in der Landwirtschaft brauchten; außerdem gefiel es Yeters Mutter nicht, dass die Schuluniform aus einem Rock bestand, der nach ihrem Urteil deutlich zu kurz ausfiel. Ihre anderen drei Töchter und der Sohn durften später die Schule besuchen. Sie blieben keine Analphabeten. Dass Menschen in der Türkei nicht lesen und schreiben konnten, war noch in den siebziger Jahren des zwanzigsten Jahrhunderts keine Seltenheit. Laut Statistik lag die Alphabetisierungsquote in der Türkei 1975 bei 61,6 Prozent, die der Frauen bei nur 45 Prozent. Heute liegt sie insgesamt bei fast 97 Prozent.

Weil sie nicht lesen und schreiben konnte, war es Bülents Mutter unmöglich, die Führerscheinprüfung zu machen. Im Alltagsleben kam sie dennoch einigermaßen gut zurecht. Im Restaurant etwa konnte sie zwar keine Speisekarte lesen, sagte aber dem Kellner, was sie gern hätte: „Irgendetwas mit Fisch oder Hühnchen, was können Sie denn anbieten?“ Doch auch, wenn es anderen Menschen nicht auffiel, bedauerte Yeter Emekci zeitlebens, dass sie durch die harte Entscheidung ihrer eigenen Mutter um eine berufliche Zukunft betrogen worden war. Trotz jahrelanger Bemühung gelang es ihr bis heute nur bruchstückhaft, die Fähigkeit zum Lesen und Schreiben zu erwerben.

Seinen heute fast 80 Jahre alten Vater sieht Bülent Emekci differenziert: „Übernommen habe ich sein ausgeprägtes Gefühl für Gerechtigkeit. Er konnte es nicht ausstehen, wenn jemand ungerecht behandelt wurde.“ Er musste sich, als er nach Deutschland kam, alles selbst erkämpfen. Erhielt keine staatliche Unterstützung, kein Wohngeld. Deshalb ärgert er sich heute über die junge Generation, die so viel bekomme.

Vom Vater, der seinen drei Söhnen Stolz vermittelte, hat Bülent übernommen, was der wohl erst im Alter selbst lernte: loszulassen, nicht alles steuern zu wollen. „Was man nicht ändern kann“, sagt der Sohn, „muss man akzeptieren. Ohne zu kapitulieren, sollte man sich lieber auf das konzentrieren, was man ändern kann.“ Und die Sache mit dem Gerechtigkeitsgefühl kann er gut nachvollziehen: „Das geht mir genauso. Aber sonst habe ich mir andere Vorbilder gesucht.“

Bülent Emekci, der heute akzent- und fehlerfrei Deutsch spricht, beherrschte nicht ein einziges Wort der deutschen Sprache, als er mit fünf Jahren an Bord eines Flugzeuges in Frankfurt landete. Er kann sich noch heute daran erinnern, wie er mit dem Bus vom Heimatdorf zum Flughafen in die Hauptstadt Ankara fuhr, von wo der Abflug nach Deutschland gebucht war. Er weiß auch genau, dass sein Großvater ihm mit rauen Händen zum Abschied den Rücken kraulte, dass sein Onkel ihm ein Fläschchen Eau de Cologne mit auf die Reise gab, dass man den Kleinen den Stewardessen anvertraute und ein Bekannter der Eltern, der in Mörfelden lebte und sich im selben Flugzeug befand, den Jungen mitnahm in seine neue Vater-Stadt, die er auf den ersten Blick als Idylle wahrnimmt. Er erinnert sich – es war August – dass in Mörfelden-Walldorf alles nach Blüten roch. Er sah ältere Frauen auf dem Fahrrad, das kannte er nicht. „Wir kamen nachmittags an, es war alles grün, alles sauber, die Sonne schien, ich fand es schön, aber ganz anders als in der Türkei. Und meine Mutter, die ich acht Monate nicht gesehen hatte, weinte vor Freude." Der Vater, der spät vom Schichtdienst kam, erlaubte an diesem besonderen Tag, dass Bülent lange aufbleiben durfte.

700.000, eine unglaubliche Zahl. So viele „Kofferkinder" kamen allein aus der Türkei zum Teil nach jahrelanger Trennung zu den Eltern nach Deutschland. Wie dem kleinen Bülent erging es vor einem halben Jahrhundert also Hunderttausenden, die erst einmal bei Großeltern oder anderen Verwandten in der alten Heimat lebten, bis die Eltern in Deutschland für eine einigermaßen akzeptable Existenz gesorgt hatten.

▶ Anwerbeabkommen

Das sogenannte Anwerbeabkommen, das am 30. Oktober 1961 geschlossen wurde, bestand aus schlichten zwei Seiten Papier. Unterzeichner waren das Auswärtige Amt in Bonn und die türkische Botschaft. Zu regeln war die Entsendung von Arbeitskräften aus der Türkei. Der Bedarf an Arbeitskräften in der boomenden deutschen Industrie war immens, sodass selbst die Anwerbung von Kräften aus Italien, Spanien und Griechenland seit 1955 nicht reichte. Der Begriff „Gastarbeiter" sagt etwas über die Absichten des Abkommens aus, aber – in Bezug auf die Umstände von Ankunft und Aufenthalt – waren die Deutschen beileibe wenig gastfreundlich. Jedoch war die Türkei damals ein wirtschaftlich armes Land mit einer hohen Arbeitslosigkeit. Die Initiative für das Abkommen war infolgedessen von Ankara ausgegangen. Zwischen 1961 und 1973 suchten mehr als zweieinhalb Millionen Menschen aus der Türkei um eine Arbeitserlaubnis in Deutschland nach; nur jeder Vierte wurde genommen. Die Arbeiterinnen und Arbeiter aus der Türkei sollten ein, zwei Jahre in Deutschland bleiben. Später wurde die Aufenthaltsdauer verlängert.

Das Ausländergesetz von 1965 erlaubte den Arbeitern aus der Türkei eine befristete oder unbefristete Aufenthaltsgenehmigung und die Möglichkeit, ihre Familien zu sich zu holen.

Österreich folgte dem Nachbarland 1964 und schloss ebenfalls einen Vertrag mit der Türkei. Auch hier galt das Konzept der temporären Beschränkung, also eine Art Rotation und die quantitative Kontingentierung. Damit erhoffte man sich eine adäquate Steuerung des Einsatzes von ausländischen Arbeitsmigranten. Seit 1965 warben Betriebe aus dem Tiroler Ort Telf mit großem Aufwand türkische Arbeitskräfte an. Dorthin verschlug es 1968 für kurze Zeit Mehmet Emekci, Bülent Emekcis Vater.

Niemand ging davon aus, dass die angeworbenen Arbeiterinnen und Arbeiter bleiben würden. Entsprechend spartanisch war die Unterbringung, weder gab es Sprachkurse noch Möglichkeiten, die muslimische Religion auszuüben. In der Wirtschaftskrise 1973 verhängte die Bundesregierung einen Anwerbestopp.

Die neue Lebenswirklichkeit empfindet der Junge als positiv. Im Alter von sechs Jahren kommt er in die Grundschule, die Bürgermeister-Klingler-Schule, und besucht von jetzt an vier Jahre lang eine rein türkische Klasse – mit gleichaltrigen Kindern, aber auch älteren Schülern und Erwachsenen. Auch die („bildhübsche") Lehrerin ist Türkin. Was im Rückblick nach gezielter Ausgrenzung und Isolation der „Ausländer" klingt, entsprach der von allen akzeptierten bundesrepublikanischen Wirklichkeit. Noch immer gingen alle Beteiligten davon aus, dass die Mehrheit der „Gastarbeiter" nach einer gewissen Zeit in ihre Heimat zurückkehren würden. Daher erschien es wichtig, dass deren Kinder Kultur und Sprache der Heimat auch in der Fremde kannten. Integration war im wahrsten Sinne des Wortes ein Fremdwort. In manchen Städten bildeten sich deshalb eigene Vereine, die den muttersprachlichen Unterricht für türkische Kinder organisierten. Denn eine reine „Türkenklasse", wie sie der kleine Bülent besuchte, konnte erst ab einer bestimmten Zahl Kinder eingerichtet werden.

Deutsch spricht Bülent zu dieser Zeit noch immer rudimentär. Er redet „mit Händen und Füßen". Wenn er Brötchen kaufen will, zeigt er auf die Ware, damit kommt er klar. Die Menschen sind freundlich zu ihm. Ältere Frauen loben seine Haare und die schönen braunen Augen, sie schenken ihm Schokolade oder Geld für ein Eis. Erst in der fünften Klasse in der Gesamtschule lernt er Deutsch. Doch dieser Schulbesuch dauert nur ein halbes Jahr, wieder heißt es Kofferpacken. Denn Vater Mehmet ist in seiner türkischen Heimatgemeinde zum Bürgermeister gewählt worden, die ganze Familie kehrt also in das Dorf auf dem Land zurück. Bülent schließt dort die fünfte Klasse ab. Nach dem Militärputsch in der Türkei 1980 unter Generalstabschef Kenan Evren, Bülent ist jetzt zwölf Jahre alt, kehrt die Familie zurück nach Mörfelden-Walldorf. Die Hälfte dessen, was Bülent an Deutsch gelernt hatte, ist wieder vergessen. Der Lehrer, so erinnert sich Bülent, holt ihn an die Tafel, er soll „Antje" schreiben, den Vornamen einer Mitschülerin – er kann es nicht mehr. Was bei ihm aber nicht zur Resignation führt, sondern den Ehrgeiz wieder erwachen lässt.

Die ersten Klassenarbeiten nach der Rückkehr fallen naturgemäß wieder schlechter aus, lauter „Ausreichend" und „Mangelhaft". Die Mitschüler aus den „besseren Elternhäusern" bleiben auf Distanz. Doch bei Bülent regt sich eben deshalb ein starker Wille. Er möchte zu denen gehören, denen es besser geht und die schulisch besser abschneiden. Eine Mitschülerin kann sich an den türkischen Klassenkameraden sehr genau erinnern: „Ich fand es sensationell, wie intensiv er sich bemüht hat, schnell die deutsche Sprache zu lernen", erzählt Saskia Winkelmann, die Geschäftsführerin von rheinmaintv. Sie hat beeindruckt, wie er aufgepasst, zugehört und zugeschaut hat.

Seine Klassenkameraden Kai Schäfer und Boris Huschka wurden seine Helden und Vorbilder. Beide waren sehr gute Schüler, aufgeweckt, verfügten als Einzelkinder über viel Taschengeld und sie trugen Markenkleidung. Das war für den jungen Bülent eine besondere Schmach: Er musste mit einer Bundfaltenhose in den Sportunterricht gehen, trug später die sogenannten „Spardidas" mit zwei Streifen. Außerdem hatten die beiden Jungen immer gute Noten, und die wollte er auch. Er begann, die Vorbilder zu kopieren – wie sie redeten, wie sie schrieben. Etwa zwei Jahre brauchte Emekci, bis er fehlerfrei Deutsch sprach. Das kommentiert die Schulfreundin Saskia mit den Worten: „Er hat von Anfang an mit Feuereifer daran gearbeitet – das Wort benutze ich eigentlich ungerne – sich zu assimilieren. In jeglicher Form."

Schon früh und sehr bewusst meidet er Fäkalbegriffe und hässliche Schimpfwörter. Auch darin ist wohl der Vater ein Vorbild, der nach der Erinnerung seines Sohnes nie in sprachliche Niederungen abglitt.

Vater Mehmet Emekci ist der unbestrittene Patriarch der kleinen Familie, gerecht und streng, fordernd und fördernd. Gewalt zählt er einzig in seltenen Ausnahmen zu seinen Erziehungsmethoden. Bülent erinnert sich jedenfalls nur an zwei Gelegenheiten, bei denen er eine körperliche Bestrafung hinnehmen musste: Als er sein neues Fahrrad mutwillig beschädigt hatte, bekam er einen leichten Schlag auf den Hinterkopf. Und als er mit zwanzig über Nacht bei einer Freundin blieb und sich gegen 4 Uhr früh in die elterliche Wohnung schlich, musste er eine Ohrfeige kassieren – wahrscheinlich halb aus väterlichem Ärger, halb aus Sorge.

Der Einfluss des Vaters ist nicht nur groß, er reicht auch weit in die private und berufliche Zukunft der Kinder. In der Familie gibt es drei Söhne. Sie heißen Avşar, Bülent und Cüneyt. Der Vater bestimmt, dass der älteste Maschinenbau studieren soll, der zweite etwas mit Elektrotechnik macht und der dritte Kaufmann wird.

Das Erstaunliche an dieser patriarchalischen Weisung ist nicht nur, dass der Mann sie ausspricht, sondern dass sie eintritt. Tatsächlich geschieht es, wie der Chef des Hauses es früh verordnete: Avşar als Ältester wird Konstruktionsmechaniker und arbeitet heute für die Lufthansa, Bülent als Mittlerer studiert Elektrotechnik, und Cüneyt hat Betriebswirtschaftslehre (BWL) in Mannheim und Darmstadt studiert und abgeschlossen, im Unternehmen ist er heute zuständig für die Dentalsparte. Drei Söhne, die umsetzen, was der Vater früh bestimmte.

Die Vornamen der drei Söhne orientieren sich nicht an den alten arabischen Überlieferungen wie Ahmed, Ali oder Mohammed, sondern haben moderne Vorbilder. Cüneyt orientiert sich an dem Schauspieler Cüneyt Arkın (1937 bis 2022), Bülent ist nach Bülent Ecevit benannt, dem demokratisch-sozialistischen Politiker, der zwischen 1974 und 2002 rekordverdächtige fünf Mal türkischer Ministerpräsident war. Und den Namen des Ältesten, Avşar, bestimmte wiederum Mehmets Vater.

Mindestens zwei Faktoren sind bei der Festlegung des Vaters für die Zukunft seiner drei Söhne bemerkenswert: Dass er diese Kühnheit besitzt und dass ihm Söhne und Wirklichkeit den Gefallen tun, tatsächlich einzutreten. Bülent Emekci erklärt sich das heute mit den Worten: „Es ist so: Wenn Sie unter den Erwachsenen keine Vorbilder haben, dann sind beinahe automatisch Ihre Eltern die Idole. Mein Vater war Bürgermeister, er hatte was auf dem Kasten; als Kind dachte ich, er ist der König." Gab der Vater einem eine Weisung, setzten die Kinder sie folgsam in die Tat um. Sie gingen mangels Alternativen davon aus, dass er schon recht habe. Heute denkt der Sohn Bülent, dass der Vater mit einer guten Beobachtungsgabe die Söhne in Richtungen lenkte, die zu ihren Begabungen und Interessen passten. Bei Bülent, der sich später mit Elektrotechnik beschäftigen soll, ist es zum Beispiel so, dass er früh eine elektrische Eisenbahn geschenkt bekommt. Er erinnert sich an dieses Weihnachtspräsent noch sehr genau. In der Nähe der elterlichen Wohnung gab es ein Spielzeuggeschäft. Zu Weihnachten bot es für 119 Mark eine Box der Firma Märklin an: eine hübsche Packung mit einem Meter Schienen und zwei oder drei Lokomotiven, Normalpreis sonst 159 Mark, hier 40 Mark billiger.

Bülent ist überglücklich, packt zu Weihnachten die Box voller Vorfreude aus, baut die Schienen zusammen, setzt die Lokomotiven auf die Spur, ist stolz darauf, dass er mit seinen acht Jahren das alles allein schafft – und stellt fest, dass der Trafo fehlt. Nun hat er also eine elektrische Eisenbahn, doch sie kann nicht fahren. Riesige Enttäuschung. Der große Traum des Kindes, an Weihnachten daheim auf dem Fußboden die Lokomotiven rasen zu lassen, sie zu stoppen, sie an den Weichen umzulenken – geplatzt. Er wird der Firma Märklin (und seinen Eltern) diese Enttäuschung so schnell nicht verzeihen.

An dieser Stelle wird Bülents Charakter offenbar. Statt sich zu ärgern und zu schmollen, merkt er sich den Vorfall nicht nur für alle Zeiten, sondern zieht seine Konsequenzen daraus. Was immer heute die Firmen emmi-Dent oder emmi-Ultrasonic verlässt, geht nur voll funktionsfähig in die Welt. Den Lichthärtungsgeräten werden immer gleich zwei Lacke beigefügt, dem Digital-Lichthärtungsgerät sechs UV/LED-Röhren. Wo Batterien nötig sind, werden sie mitgeliefert. Wird eine Ultraschallzahnbürste verschickt, sind die Aufsätze, die Zahncreme und das Ladegerät dabei. Und die Fräser zum Entfernen von Gel- oder Acrylmodellagen kommen nie ohne verschiedene Bits (Nagelfräser-Aufsätze) und Auflagen zu Kundinnen und Kunden. Alles muss immer von der ersten Sekunde an zur Anwendung bereit sein. So gesehen können sich die Emekci-Kunden bei der Firma Märklin bedanken. Und bei Bülent Emekci, der seine Lehren aus dieser persönlichen Enttäuschung gezogen hat.

In der Geschwisterfolge steckt Bülent in der Mitte zwischen dem drei Jahre älteren und dem sechs Jahre jüngeren Bruder. In der Eliteforschung werden die Mittelkinder als die Karrierekinder gehandelt – sie lernen vom Größeren und übernehmen Verantwortung für den Kleineren. In Amerika macht man in den typischen Familien mit nur zwei Kindern eben dieses Fehlen der Mittelkinder verantwortlich für den Mangel an Menschen, die bewusst eine Karriere anstreben.

In der Tat übernimmt Bülent früh Verantwortung für seinen sechs Jahre jüngeren Bruder Cüneyt. Da die Mutter früh die Wohnung zur Arbeit verlässt, macht er ihm das Frühstück, zieht ihn an, nimmt ihn mit zur Schule, sagt ihm, er solle sich beeilen, versucht ihn zu erziehen. Eine solche Rolle als „Erzieher“ kann für einen jungen Menschen zur Belastung werden; andererseits lernt er sehr früh Führungseigenschaften.

Zurück zur Schule: Allmählich wurden Bülents Noten tatsächlich besser. In Mathematik, Physik und Sport schaffte er eine „Zwei“, in der Klasse darf er jetzt zwischen Kai und Boris sitzen. Jene Mitschüler, zu denen er gehören will, die ihn akzeptieren sollen, zeigen ihm gegenüber jetzt mehr Respekt. Die schulische Leistung ist in jenen Jahren durchaus noch Gradmesser für das Image eines Schülers. Bülent verbessert nicht nur seine Noten, auch seine Sprachkenntnisse werden durch die Übung perfekter – etwa ab der achten Klasse spricht er fehlerfrei. Wobei er manchmal noch heute an die deutsche Sprache Fragen hat, die sich schwer beantworten lassen: „Warum heißt es der Rhein, aber die Donau?"

Zuhause wird weiter Türkisch gesprochen. Vor allem mit Vater und Mutter. Erst als Erwachsener erfährt er, dass es sich dabei um, wie er sagt, „Dorftürkisch" handelt und nicht um das „städtische Hochtürkisch". Das lernt er, als er im Alter von 26 Jahren in die Türkei reist und dort häufig von Landsleuten korrigiert wird, etwa so: „Bei uns sagt man Partnerin und nicht meine Frau – sie ist ja nicht Ihr Eigentum." Abermals ist Emekci lernwillig und passt sich und seine Sprache an.

Lernwillig – das ist auch das Stichwort für seine weitere schulische Karriere als Kind und Heranwachsender. Mathematik fällt ihm leicht und macht ihm Spaß, doch in der Welt der Zahlen lauern sprachliche Fallstricke: Warum sagt man auf Deutsch „23" und nennt nicht – wie im Englischen und Türkischen – zuerst die Zehner, also „zwanzig, drei", „twenty three"? Und warum wird dieses Prinzip dann bei „323" wieder durchbrochen, und man nennt die Hunderter an erster Stelle? „Ich bin halt nicht sprachbegabt", sagt Emekci heute, der in seiner Schulzeit nur drei Jahre Englischunterricht genießt, aber sich inzwischen nach den vielen Geschäftsreisen und Verhandlungen in dieser Sprache sicher fühlt. Hier half „Learning by doing", und Angst vor Fehlern hat er nicht.

Sein mathematisches Talent überzeugt die Lehrer. Der Junge beherrscht nicht nur die Grundrechenarten, er löst sogar Dreisatz-Aufgaben im Kopf. Durch seine besseren schulischen Leistungen wachsen bei Bülent neue Ideen zu seinen beruflichen Perspektiven. Bis dahin war der klassische Weg vorgegeben: Schulabschluss, maximal Mittlere Reife, Ausbildung zum Facharbeiter oder Handwerker und dann Geldverdienen. Jetzt schimmerte am Horizont eine neue Erwartung: „Dass ich vielleicht das Abitur schaffen und ein Studium beginnen könnte."

Der Weg zum normalen Gymnasial-Abitur war blockiert, dazu fehlten die erforderlichen Englisch-Vorkenntnisse. Aber das Fachabitur war möglich. Dabei musste sich der Absolvent damals allerdings zuvor festlegen, was er später an der Fachhochschule Wiesbaden studieren wollte. Ein ausgesprochen früher Zeitpunkt.

Nach der zehnten Klasse an der Bertha-von-Suttner-Schule wechselt Bülent Emekci also an die Werner-Heisenberg-Fachoberschule in Rüsselsheim. Dort legt er mit achtzehn oder neunzehn – genau weiß er es nicht mehr – das Fachabitur ab. Bülent ist der erste Emekci, der die Schulausbildung mit dieser Qualifikation abschließt. Er bahnt damit den Weg für weitere Familienmitglieder. Der jüngere Bruder Cüneyt wird ebenfalls das Abitur machen, für Bülents Söhne ist dieser Abschluss schon normal, also der Norm entsprechend. Doch damals ist das Reifezeugnis noch etwas Besonderes, sowohl für die Familie Emekci als auch für die Gesellschaft: Nur zwei andere Mitabiturienten in Bülents Klasse haben ausländische Wurzeln.

Um das Fachabitur zu erlangen, muss sich der Schüler der Werner-Heisenberg-Fachoberschule für eine Richtung festlegen, er wählt Elektrotechnik. Zu dieser Wahl gehört die Auflage, ein Praktikum bei einer Elektrofirma zu machen, als Nachweis der Begabung für diese fachliche Richtung. Bei Elektro Thoelken in Mörfelden-Walldorf findet Bülent eine Praktikumsstelle, arbeitet auch auf dem Bau, das Unternehmen besorgt ihm die Arbeitserlaubnis, denn die deutsche Staatsbürgerschaft wird Bülent Emekci erst 2008 erwerben, davon später.

Irgendwann ist das Fachabitur geschafft. Konsequent beschreitet Bülent weiter den vorgezeichneten Weg. Er beginnt sein Studium der Elektrotechnik an der heutigen Hochschule Rhein-Main, damals Fachhochschule Wiesbaden, Zweigstelle Rüsselsheim. Schon zu jener Zeit ist Elektrotechnik eine der Schlüsseltechnologien. Die vielfältigen Möglichkeiten elektronischer Anwendungen in Autos, Computern und industriellen Anlagen zeichnen sich ab. Internet, Smartphone, E-Mobilität, Robotik, Künstliche Intelligenz schlummern noch als Möglichkeiten einer kommenden Technologie-Explosion.

Elektrotechnik ist nicht nur das Wunschfach des Vaters, sondern macht dem jungen Studenten Spaß. Niemand muss ihn zwingen, sich mit einer Materie zu beschäftigen, die seinen Neigungen und Talenten entgegenkommt: „Es war eine schöne Zeit."

Besondere Freude machen ihm die Programmierung von Computern und die industrielle Anwendung von Ultraschalltechnik. Dass daraus einmal die gewinnbringenden Entwicklungen einer emmi EMAG AG erwachsen könnten, ahnt zu diesem Zeitpunkt noch niemand. Und die Computer? Die ähneln eher noch Rechenmaschinen, sie verfügen damals über eine Speicherkapazität von zwei oder vier Megabyte („eine Revolution!"), der USB-Stick ist noch nicht erfunden, die gängige Computersprache ist MS DOS, Microsofts erstes Betriebssystem für x86-PCs. Den Studenten stellt Microsoft DOS kostenlos zur Verfügung – mit dem Hintergedanken und der Folge, dass sie später in den Unternehmen gern weiter damit arbeiten. Ebenfalls im Lehrangebot ist das Fach Chemie, schon in der Schule ein bevorzugtes Lerngebiet für Bülent Emekci.

Neun Semester verbringt er an der Fachhochschule in Rüsselsheim. Konkrete berufliche Zukunftspläne entwickelt er in dieser Phase nicht. Das Studium hätte er auch schneller beenden können. Doch er geht nebenbei arbeiten und sammelt dabei völlig neue, spannende Erfahrungen. Davon im nächsten Kapitel.

KAPITEL 2

„Das Glas ist immer halbvoll"

Finanzprodukte verkaufen und fürs Leben lernen / „Mobil zu sein war für mich das A und O" / Ein guter Verkäufer

Bülent Emekci ist als junger Mensch finanziell nicht auf Rosen gebettet. Von den Eltern bekommt er nur wenig Taschengeld. Schon als Jugendlicher verdient er sich in Nebenjobs etwas hinzu, sodass das Moped für 900 Mark oder die Gitarre für 260 kein Traum bleiben.

Als Student setzt er das fort. In der „Burger Ranch" in Walldorf brät er Hamburger. Im „Eis-Paradies" lernt er, an italienischen Maschinen mit Milchpulver, Wasser und Zutaten Speiseeis herzustellen, eine Kugel Eis kostet damals 50 Pfennig.

Doch dann kommt eine neue Phase, eine aufregende und lehrreiche Zeit in der Finanzdienstleistung. Denn Bülent Emekci will Geld verdienen, er braucht ein Auto. Für die ersten Termine in der Finanzbranche hatte ihm sein älterer Bruder manchmal dessen braunen Opel-Kadett geliehen. Doch das kann keine Dauerlösung sein. Und dann war da noch etwas anderes. Der Grund für ein eigenes Auto hat zwei Namen: Unabhängigkeit und Annette. Oder wie Bülent Emekci es formuliert: „Man kann in einem Auto natürlich besser küssen als in Bussen oder Bahnen."

Ein fahrbarer Untersatz schenkt Freiheit und Unabhängigkeit von öffentlichen Verkehrsmitteln. Das ist besonders erstrebenswert, seitdem er Annette kennengelernt hat. Das kam so: Gemeinsam mit seinem Freund Ingo Stauch besucht Bülent Ende 1987 die Pizzeria „Pizza Party" in der Frankfurter Straße in Neu-Isenburg. Hier gibt es diese schmackhaften überbackenen Makkaroni in Sahnesoße mit Erbsen für 4,50 Mark. Der Laden ist voll, nur an einem Vierertisch, an dem zwei junge Mädchen sitzen, sind noch Plätze frei. Bülent und Ingo fragen, ob sie sich dazusetzen können. Die jungen Damen nicken, obwohl Annette später sagen wird, dass sie die Frage ein wenig aufdringlich fand. Aber man kommt miteinander ins Gespräch. Bülent aus Mörfelden-Walldorf und Annette aus Neu-Isenburg tauschen Adressen aus. Ein halbes Jahr später – sie mögen einander, aber sind noch kein Paar – fahren die beiden in Urlaub. Bülent eilt auf seinem schwarzen Kawasaki-Motorrad voraus und holt Annette am Flughafen in Izmir ab. Hier in der Türkei verlieben sich die beiden endgültig ineinander, sie werden ein „richtiges" Paar. Doch wieder daheim offenbart sich ein Problem: Die Busfahrt von Mörfelden nach Neu-Isenburg dauert mindestens eine Dreiviertelstunde, bei Verspätungen sogar mehr als 60 Minuten. Und die Fahrpläne entsprechen nicht immer den Bedürfnissen der Sehnsucht.

Bülent hatte mit achtzehn den Führerschein gemacht. Zur Fachhochschule in Rüsselsheim wird er von einem Kommilitonen, der schon ein Auto besitzt, gegen wöchentlich 15 Mark Benzingeld mitgenommen. Doch alle Wege nach Neu-Isenburg führen nur über Bus und Bahn. Deshalb die Arbeit für die Finanzdienstleistung.

Eines Tages überredet Freund Ingo den damals 20 Jahre alten Bülent mitzukommen zu einer Informationsveranstaltung der OVB. Um es gleich vorwegzunehmen: Die Früchte dieser Arbeit erlauben dem jungen Mann, einen gebrauchten 190er Mercedes zu kaufen. Der Wagen hat zwar schon 170.000 Kilometer auf dem Tachometer, aber der TÜV ist neu, und die Winterreifen sind noch nicht abgefahren, er schaffte noch zwei Jahre: „Mobil zu sein war für mich das A und O." Übrigens hatten die Chefs von der OVB geraten, ein Auto mit einem ordentlichen Image zu kaufen, also keinen Peugeot oder Renault, sondern „lieber einen alten Wagen, aber eine gute Marke, die ist wichtig bei den Kunden".

1970 war in Köln die „Organisation zur Vermittlung von Bausparverträgen", kurz OVB, gegründet worden. Das Unternehmen wuchs rasch, zumal die Bundesregierung im selben Jahr die Arbeitnehmersparzulage verdoppelte. Das bedeutete, dass Berufstätige in den Genuss hoher staatlicher Zuschüsse kamen, wenn sie in bestimmte Finanzprodukte investierten. Darunter fielen die Bausparverträge. Zunächst konzentrierte sich das Start-up-Unternehmen auf die Vermittlung dieses Produkts, es wurde jedoch schnell klar, dass Wünsche und Bedürfnisse der Kunden viel weiter gestreut waren.

Als Bülent Emekci zur OVB stieß, wurden zwar nach wie vor die klassischen Bausparverträge vermittelt, es ging zu diesem Zeitpunkt aber längst auch um Immobilienfinanzierung, Versicherungen gegen Erwerbs- und Berufsunfähigkeit oder die fondsgebundene Rentenversicherung.

An diesem ersten Abend hört Bülent, dass er bei diesem Job jeden Monat 800 bis 900 Mark verdienen könne – zu diesem Zeitpunkt für ihn ein Riesenbetrag. Die Voraussetzung, an so viel Geld zu kommen, sähe so aus: Zehn Termine vereinbaren, fünf Analysen schreiben – und wenn alles gut geht, kommt es zu zwei Abschlüssen. Aber nicht nur diese Aussicht reizt den jungen Mann, der damals nebenher in der Eisdiele jobbt. Ihm gefällt auch der lösungsorientierte Ansatz, denn die OVB-Leute sagen: „Die Menschen haben Probleme, und ihr helft ihnen, sie zu lösen."

1989 wechselt er zum AWD, dem Allgemeinen Wirtschaftsdienst. Dieser 1987 gegründete Finanzvertrieb will seine Kunden unabhängig von Versicherungen und Banken beraten und ist immer auf der Suche nach tüchtigen jungen Vertretern. Bülent Emekci wird also, immer noch als Student, nebenher AWD-Berater, verkauft Sparpläne, Bausparverträge, Versicherungen, Fonds. Im Rückblick bringt er seine Erfahrungen in dieser Branche so auf den Punkt: „Nicht alles, was sie verkauft haben, war gut. Aber die Ausbildung, die ich bei ihnen bekommen habe, war ausgezeichnet."

Äußerlichkeiten können entscheidend sein, und der erste Eindruck, wenn sich Menschen treffen, prägt. Das wissen Emekcis neue Arbeitgeber. Daher kümmern sie sich darum, dass die jungen Menschen nicht nur in Sachen Versicherungen und Geldanlage ausgebildet werden. Auch ihre Gestik, Mimik und sonstige Körpersprache kommen auf den Prüfstand. In den Motivationseinheiten erfahren die angehenden Berater, dass das Glas immer halbvoll und nicht halbleer ist. Sie lernen, das erste Telefonat auf eine Art und Weise zu führen, dass der Angerufene nicht nach wenigen Sekunden das Gespräch beendet. Stattdessen empfiehlt sich eher ein solcher Auftakt: „Guten Tag, Herr Schulze, ich heiße Emekci. Mit meinem Namen können Sie wahrscheinlich nichts anfangen, aber Ihr Vetter, der Herr Meier, hat mir erzählt, dass Sie zu den Menschen gehören, die gern Steuern sparen. Ich hätte da vielleicht ein interessantes Angebot für Sie ..."

Emekci lernt zum Beispiel, dass die Sitzordnung nicht trivial ist: Der Berater nimmt links vom Kunden Platz, sodass der einen freien Blick hat auf alles, was sein Besucher schriftlich festhält. Transparenz ist wichtig. Die Schulungen reichen tief in den persönlichen Bereich hinein. Die jungen Leute bekommen eine Farbberatung und darüber hinaus Tipps, welche Kleidung bei Kundenbesuchen angemessen ist. Denn auch die Kleidung sendet wichtige Signale aus. Emekci besucht potenzielle Kunden seiner Finanzprodukte grundsätzlich nur mit Krawatte. Wie man den Schlips bindet? Lernt er beim AWD. Und wenn einer der Menschen, die er besucht, einen Hund hat, fragt er ihn: „Haben Sie eigentlich eine Hundehaftpflicht? Die würde Sie im Monat nur fünf Mark kosten." Dann schildert er sämtliche Schreckensereignisse, die ein Vierbeiner anrichten kann, vom Verkehrsunfall mit Todesfolge bis zum Biss in den Arm einer alten Dame mit den damit verbundenen Schadenersatzansprüchen – und hat nicht selten einen neuen Kunden gewonnen.

„Ich war ein guter Verkäufer", sagt er heute. Der Profi klingelt nicht einfach unvorbereitet an der Tür, er macht sich vor dem Besuch Gedanken: Was braucht der Kunde? In welcher Lebenssituation trifft er ihn an? Steht die Absicherung der Kinder im Vordergrund? Die Finanzierung des Hauses? Wäre eine Lebensversicherung sinnvoll? Ist der Kunde oder die Kundin eher risikogeneigt oder sicherheitsorientiert? Sind sie der Typ für Sparpläne, Aktien oder wollen sie nur einen Bausparvertrag?

Logischerweise kann der junge Berater nur dann zu Abschlüssen kommen, wenn die Kunden zuhause sind. In der Regel vereinbart er pro Woche vier Termine, je zwei am Mittwoch und Donnerstag, um 18 und 20 Uhr. Als er einmal erlebt, wie sich zum vereinbarten Termin zwar die Gardine des Besuchten bewegt, der aber nicht die Tür öffnet, macht er es sich zur Gewohnheit, vorher anzurufen.

Trotz der akribischen Vorbereitung erfährt Emekci, dass sein Einsatz Gewinn nicht garantiert. Das, was unterm Strich übrigbleibt, fällt höchst unterschiedlich aus. Mal sind es pro Monat nur 300 Mark, doch gelegentlich fällt die Höhe der Summe, die auf dem Scheck steht, in Dimensionen aus, die jede studentische Vorstellungskraft sprengen. Einmal kassiert Bülent Emekci für einen höchst erfolgreichen Monat 10.800 Mark, an diesen Betrag erinnert er sich noch heute. „Schuld" an dieser exorbitanten Summe ist eine Lehrerin aus Rodgau, die sich an einem geschlossenen Immobilienfonds beteiligt. Ansonsten verkauft Emekci besonders gern die Produkte der Allianz und der Bayerischen Beamtenversicherung. Was vielleicht daran liegt, dass beide Unternehmen gute Provisionen ausschütten.

Warum erzählen wir diese Lebensstationen so ausführlich? Darauf hat einst Steve Jobs, der legendäre Gründer des Apple-Konzerns, eine Antwort gegeben. In einer Rede vor Absolventen der Stanford-Universität beschrieb Jobs, der selbst keinen Studienabschluss besaß, 2005 sein bewegtes Leben. Es ist von vielen Aufs und Abs geprägt. Er schloss diese ehrliche Beschreibung seines Lebenslaufs mit den Worten (hier in einer deutschen Übersetzung): „Wenn Sie in die Zukunft blicken, können Sie nicht erkennen, wo Zusammenhänge bestehen. Das wird erst in der Rückschau möglich. Das heißt, Sie müssen darauf vertrauen, dass sich die einzelnen Mosaiksteinchen in Ihrer Zukunft zu einem Gesamtbild zusammenfügen. Sie müssen auf etwas vertrauen – Ihr Bauchgefühl, das Schicksal, das Leben, Karma, egal was. Denn der Glaube daran, dass sich irgendwann die einzelnen Mosaiksteinchen zusammenfügen werden, gibt Ihnen die Zuversicht, dem Ruf Ihres Herzens zu folgen. Dieser Gedanke hat mich immer begleitet und mein ganzes Leben geprägt."

Also schauen wir uns einige Mosaiksteinchen kurz an: 1988 bis 1989 neben dem Studium Arbeit für die OVB, anschließend bis 1990, immer noch studienbegleitend, Tätigkeit für den AWD. 1991 bis 1993, also gegen Ende des Studiums und nach dem Abschluss, angestellt bei der Deutschen Lufthansa. 1993 bis 1994 Arbeit für die Allianz.

Bis 1996 dann Rückkehr zum AWD als Direktionsmanager. Erst 1996 verlässt Emekci, inzwischen 28 Jahre alt, die Welt der Versicherungen und wendet sich jenem Metier zu, mit dem er Karriere machen wird.

Aber wie kommt es zu dem Ausreißer des jungen Studenten der Elektrotechnik, der im Alter von 23 Jahren zur Lufthansa in ein völlig anderes Metier wechselt, sich sogar dort fest anstellen lässt?

KAPITEL 3

Erfahrungen mit einem Staatsbetrieb

Bei Lufthansa und bei Versicherungen / Stolz und Frustration / Irgendwann macht es klick

„Bewirb dich doch mal bei der Lufthansa", rät Annette ihrem Freund Bülent. Die junge Frau arbeitet damals bei der Luftfahrtgesellschaft als „Rotkäppchen". So heißen die Damen, die Passagiere betreuen, die auf Hilfe angewiesen sind, zum Beispiel Kinder. Der junge Bülent folgt dem Tipp und wird angenommen; dass er noch studiert, ist für die Fluggesellschaft kein Hinderungsgrund.

Eingesetzt wird der neue Mitarbeiter, der sich mit dem Computer auskennt, in der Kapazitätenplanung: Wie hoch ist die Zahl der Passagiere, und wieviel Fracht kann das Flugzeug gleichzeitig mitnehmen? Wie hoch ist das Gewicht des Gepäcks? Wieviel Post wird mit an Bord genommen? Um welche Menge erhöht sich das notwendige Kerosin?

Fragen, die sich in der modernen Geschäftswelt mithilfe von elektronischen Rechnern schnell beantworten lassen. Wenn man diese Geräte beherrscht.

Die Arbeit am DOS-Computer macht dem jungen Mann Spaß, auch deshalb, weil man ihm früh viel Verantwortung und Freiraum gibt. Er ist selbstbewusst, weiß sehr wohl, dass er in der Abteilung der Einzige mit Abitur ist (und äußert das auch, was nicht gut ankommt).

Die Eigeninitiative und der Veränderungsdrang des neuen Kapazitätenplaners stoßen freilich schnell an Grenzen. Emekci nimmt die Fluggesellschaft als einen unbeweglichen Riesen wahr und wundert sich, dass sie überhaupt Gewinne macht. 60 Prozent der Mitarbeiter empfindet er als demotiviert, „weil sie zu lange immer das gleiche gemacht haben". Vielleicht hatte das auch strukturelle Gründe. Denn damals war die Lufthansa noch eine Art Staatsbetrieb. Obwohl an der Börse notiert, gehörten bis tief in die neunziger Jahre hinein mehr als 50 Prozent der Anteile an dem Unternehmen dem Bund.

Ein Weltereignis sollte sich auch auf die Zukunft des jungen Bülent auswirken. Am 2. August 1990 marschieren Truppen des irakischen Diktators Saddam Hussein in Kuwait ein. Die Amerikaner bilden eine Koalition, um mit Billigung des UN-Sicherheitsrats den Irak anzugreifen – der zweite Golfkrieg nimmt seinen Lauf. Deutschland beteiligt sich zwar nicht mit eigenen Truppen an dem Konflikt, wohl aber mit dem Scheckbuch: Mit 17,9 Milliarden D-Mark unterstützt die Bundesregierung die kriegsführenden Länder USA, Großbritannien, Frankreich, Italien und Saudi-Arabien.

Schon im Januar 1991, ein knappes halbes Jahr nach dem Beginn des Kriegs, sind die ökonomischen Folgen beträchtlich. Das Magazin „Der Spiegel" schreibt damals: „Auf Europa-Strecken ist die Zahl der Passagiere in der vergangenen Woche um etwa ein Drittel gesunken. Viele Firmen haben ihren Mitarbeitern aus Furcht vor Terroranschlägen geraten, Flugreisen zu vermeiden. Nordatlantik-Routen werden teilweise mit nahezu leeren Maschinen geflogen, der Nahost-Luftverkehr ist ohnehin fast völlig zum Erliegen gekommen. Deutsche Flughäfen, in Frankfurt etwa oder in Hamburg, glichen vergangene Woche zeitweise Geister-Airports. Ein Airbus von München nach Düsseldorf wurde vergangenen Freitag gestrichen, weil nur ein einziger Passagier mitfliegen wollte. Bei der Lufthansa hat die auf 40 Prozent gesunkene Auslastung der Maschinen (normal: 60 bis 65 Prozent) zu hektischen Krisensitzungen geführt."

Viele Luftmeilen vom Golf entfernt, bekommt Bülent Emekci die Ausläufer dieser Krise am eigenen Leibe zu spüren. Weil er zu den Mitarbeitern mit der kürzesten Dienstzeit gehört, wird ihm betriebsbedingt gekündigt. Der Schutz der langjährigen Mitarbeiter hat soziale Gründe, doch Emekci sieht das kritisch: „Man trennt sich mit diesem sozialen Bestandsschutz gerade von den innovativsten und frischesten Kräften."

Überhaupt fällt sein Urteil über diese Zeit in dem gigantischen Unternehmen, das heute mehr als 100.000 Menschen beschäftigt, gemischt aus. Einerseits macht ihm seine Arbeit große Freude, und er ist unglaublich stolz auf den Mitarbeiterausweis einer so traditionsreichen und angesehenen Institution. Andererseits erlebt er die Schwerfälligkeit des riesigen (Staats-)Apparats und die mangelnde Einsatzfreude zahlreicher Mitarbeiter. Sein unmittelbarer Chef, der den jungen Mitarbeiter schätzt, gewährt ihm eine Abfindung. Nach diesem Intermezzo von einem Jahr und acht Monaten und um 6600 D-Mark sowie eine gemischte Erfahrung reicher verlässt er die Lufthansa. Der junge Bülent ist umsichtig genug, das bei der LH verdiente Geld zu nutzen, um seinen BAföG-Kredit vorzeitig zurückzuzahlen. Dadurch kann er 50 Prozent des Darlehens einsparen.

Und das Verkaufstalent kehrt für einige Zeit wieder in die Versicherungsbranche zurück. Er beginnt im Vertriebsaufbau der Allianz Versicherungs AG, wird aber nach einiger Zeit wieder von dem AWD abgeworben. Dort steigt Emekci auf – zum Geschäftsstellenleiter im Wiesbadener Stadtteil Mainz-Kastel und später direkt in der City der Landeshauptstadt. Im Rückblick spricht er über das Versicherungsgeschäft heute als einer Art von „Hassliebe".

Der erste Bestandteil dieses Begriffs bezieht sich auf den dauernden Zwang zum Umsatz, zum Verkaufen, zum Kampf um jeden Pfennig oder Cent Provision, der zweite auf die Lust am Geldverdienen und die Freude am Verkaufen, am Verhandeln. Emekci macht es Spaß, sein Geld mit Worten zu verdienen. Aber er weiß, dass Argumente allein keinen Kunden überzeugen; es kommt auch auf die nonverbale Kommunikation an und insgesamt vor allem darauf, Vertrauenswürdigkeit auszustrahlen.

Bülent Emekci ist ein guter Verkäufer. Das ist unter anderem ein Ergebnis dieser Lehrjahre. Was er damals gelernt hat, kann er noch heute auf anderen Geschäftsfeldern anwenden: Freundlichkeit, Höflichkeit, sicheres, aber keinesfalls auftrumpfendes Auftreten, angemessene Kleidung, Spannung in der Körperhaltung, Zuwendung ohne Aufdringlichkeit.

Damals unterrichtet er sogar selbst angehende Versicherungsleute, bringt ihnen bei, was er selbst lernte. Rasch bekommt er einen Blick dafür, ob jemand als Verkäufer geeignet ist oder nicht. Emekci schätzt, höchstens jeder Vierte bringt von Haus aus die richtige innere Einstellung zum Verkaufen mit. Viele kommen zum Beispiel mit einem Nein nicht klar, vor allem, wenn einige Verkaufsgespräche nacheinander ohne Erfolg bleiben. Und er weiß, dass man zwar viel lernen und vermitteln kann, dass aber vielen Menschen das „Verkäufer-Gen" fehlt; dieses Talent lässt sich weder züchten noch einpflanzen. Emekci bringt diesen Gedanken auf den Punkt: „Sie können aus einem Gaul kein Rennpferd machen." Er schätzt, dass er im Laufe seiner Jahre in der Finanzdienstleistung rund 600 Vertreter geschult und betreut hat. Von denen seien vielleicht 150, also ein Viertel, erfolgreich gewesen.

Einerseits hat Bülent Emekci gern sein Wissen an die angehenden Vertreter weitergegeben. Er hat sie nicht nur fachlich geschult, nicht nur zu Kundenbesuchen begleitet und anschließend Manöverkritik abgegeben. Er hat ihnen darüber hinaus nahegelegt, sich im Leben insgesamt positiver aufzustellen. Seine Theorie: Ohne dieses positive Denken kann man nicht erfolgreich verkaufen: „Das Leben ist nicht schlecht, es ist neutral. Es kommt darauf an, dass du etwas Gutes daraus machst."

Andererseits wurde er irgendwann des dauernden Bestärkens und „Erziehens“ müde, zumal seine Anstrengungen nur bei einem Viertel der Adepten auf Erfolg stießen. Immer öfter war er es leid, sich als Vertreter und ergo als Verkäufer anbiedern zu müssen. Schließlich folgte jener Abend, als er einer Kundin eine Hundehaftpflicht in Höhe von 69 Euro schmackhaft machen wollte.

Die Dame war kapriziös, die Verhandlung verlief zäh. Bülent Emekci hatte noch einen jungen Kollegen dabei, dem er die Kunst des Verkaufens beibringen wollte. Tatsächlich kam es dann nach langem Gespräch zum Abschluss. Doch Emekci war bedient. Die Provision betrug acht Euro, aber die Erkenntnis war viel wertvoller: „Es machte klick bei mir. Ich sagte mir: Auch du hast einen Wert. Du biederst dich nicht länger an.“ Das war der Anfang vom Ende des Versicherungsmannes Bülent Emekci.

Noch in dieser Versicherungszeit erwirbt Bülent Emekci das Haus, in dem seine Eltern lebten. Die Hypothek ist für seine finanziellen Umstände hoch, der Zinssatz liegt bei 8,75 Prozent. Er ist also aufs Geldverdienen angewiesen. Da ergibt sich jenseits der Versicherungen eine Chance.

Was ist noch geblieben aus jenen Lehrjahren? Auf jeden Fall die Wissbegier. Die Bereitschaft, sich in ein neues Gebiet einzuarbeiten. Die Neugierde auf Menschen und wie er sie für sich gewinnen kann. Die Zeit als selbstständiger Unternehmer wird schon bald beginnen.

KAPITEL 4

Auf dem Weg zum Unternehmer

Geplant war nichts / Die ewigen Zweifel der Selbstständigen / Hugo Hosefelder und die Wegfahrsperre / Der Marketing-Manager

Man darf sich die Karriere Bülent Emekcis nicht als steilen Weg nach oben vorstellen. Schon gar nicht entspringt sie einem lang gehegten Plan, der, früh entworfen, konsequent verfolgt worden wäre. Das hat er anscheinend mit Steve Jobs und vielen anderen erfolgreichen Unternehmern gemeinsam.

Emekcis Weg schien lange in eine andere Richtung zu zeigen. Dann kamen Zufälle hinzu, der junge Mann traf zur rechten Zeit auf die richtigen Menschen. Und es lag etwas in seiner Natur, das ihn bewegte, die Chance, die sich ihm bot, beherzt zu ergreifen.

Außer der Zeit bei der Deutschen Lufthansa war Bülent Emekci niemals angestellt, weder bei der OVB und dem AWD, noch bei der Allianz. Er erlebte schon als Student das Hin und Her zwischen atemberaubenden Umsätzen in der Finanz- und Versicherungsbranche und mageren Wochen, ja Monaten. Daher kennt er die Achterbahnfahrt des Erfolgs durchaus, als er sich selbstständig macht.

Ein entscheidender Unterschied zu seinem vorherigen Leben kommt hinzu. Unternehmer Emekci ist nicht mehr allein für sich selbst verantwortlich, kann sich nicht im stillen Kämmerlein über gute Zeiten freuen oder über Misserfolge grämen –, er beschäftigt jetzt Menschen, denen er sich verpflichtet fühlt. Und denen er Monat für Monat ein Gehalt zahlen muss. Als er im Jahr 2000 im Alter von 32 Jahren eine Firma gründet, muss er monatlich Gehälter in einer Gesamthöhe von 15.000 Mark aufbringen. Das ist eine Zahl, vor der er damals manchmal erschreckt, denn sie gilt nicht nur in den starken Perioden, sondern auch dann, wenn die Geschäfte einmal nicht so gut laufen.

Aus den 15.000 Mark von ehedem ist heute eine Gehaltssumme von monatlich fast 400.000 Euro geworden. In D-Mark sind das 782.332. Auch Emekci rechnet noch manchmal in der alten deutschen Währung.

400.000 Euro oder 782.332 Mark sind eine Riesenmenge Geld. Vor allem, wenn die Umsätze mal zu wünschen übrig lassen. Deshalb beobachtet ein Unternehmer wie Bülent Emekci die Wirtschaftslage stets sehr genau. Es kommt eine Pandemie auf Deutschland zu, wie man sie noch nie erlebte? Wie kann man schnell darauf reagieren, wenn in einer solchen Krisenzeit zum Beispiel die meisten Nagelstudios vorübergehend dichtmachen? Und was bedeutet „vorübergehend"? Gibt es die Möglichkeit, dass die Kundinnen daheim ihr eigenes „Nagelstudio im Kleinformat" betreiben? Können wir vielleicht Desinfektionsmittel liefern? Was bedeutet Corona für die anderen Geschäftssparten? Kann das Unternehmen stärker im Internet mit Ultraschallzahnbürsten punkten?

Was bedeuten Ukrainekrieg, Energiekosten-Explosion und hohe Inflation für die Geldbeutel der Kunden? Warum waren die Umsatzzahlen im Januar so erfreulich hoch, und wieso gingen sie im Februar dermaßen in den Keller? Wird diese Tendenz anhalten? Wenn ja, was bedeutet das für die Immobilienobjekte, die mit einer Hypothek belegt sind und für die Kreditraten fällig werden? Wenn ein Mieter nach dem anderen ausfallen sollte, was heißt das für die Finanzplanung des Unternehmens? Ist das Immobilienportfolio grundsätzlich richtig aufgestellt? Hat man genug getan für die Gewinnung von fähigem Nachwuchs? Werden die Geschäftsgrundsätze, die sich die EMAG AG selbst auferlegt hat und sie zu den „höchsten Maßstäben der Geschäftsethik" verpflichtet, überhaupt eingehalten?

Solche und noch viele andere Sorgen plagen einen, der ein Unternehmen leitet. Und der monatlich 400.000 Euro für Personalkosten aufbringen muss.

Natürlich, sagt Emekci, habe er die Verantwortung auf viele Schultern verteilt. Selbstverständlich setze er auf die Eigenständigkeit dieser Führungskräfte, auf ihre Kompetenz und ihr Verantwortungsgefühl. Doch zugleich sei er sich darüber im Klaren, dass im Falle einer Krise jeder auf ihn schauen werde: „Bülent, wir brauchen Geld."

Emekci kneift nicht vor solcher Verpflichtung. Aber er empfindet sie manchmal als Last. Aber das ist natürlich nicht singulär. Sorgen sind konstitutiver Bestandteil jedes erfolgreichen Unternehmerdaseins.

Doch im Jahr 1996 stehen im Leben Bülent Emekcis nicht die Sorgen im Vordergrund. Es herrscht Aufbruchstimmung. Ein Bankdirektor aus Südhessen – nach Emekcis Erinnerung stand er der Volksbank Odenwald vor und trug gern Jägerkleidung – ist von dem 28 Jahre alten Deutschtürken sehr angetan und empfiehlt ihn dem Unternehmer Hugo Rudolf Hosefelder. Der hatte mit einem Stammkapital von 50.000 Mark am 17. November 1986 die HRH Electronic GmbH in Wiesbaden gegründet. Gegenstand des Unternehmens war laut Handelsregister „Entwicklung, Herstellung und Vertrieb von Schaltungen, Geräten und Systemen der Elektronik, Übernahme von Vertretungen und Repräsentationen von Herstellern und Anwendern von Bauteilen und Geräten der elektrotechnischen, elektromechanischen und elektronischen Industrie, sowie Durchführung von Unternehmens- und Managementberatung in der elektronischen Industrie".

Weder der Tüftler Hosefelder noch dessen Sohn, der im Unternehmen mitarbeitet, sind Vertriebler oder haben Ahnung von Marketing. Hosefelder stellt mit seiner Firma HRH im Wiesbadener Stadtteil Mainz-Kastel transpondergestützte Wegfahrsperren her. Er fragt den jungen Mann, ob er sich vorstellen kann, als Marketingmanager für ihn tätig zu werden. Emekci kann.

Festangestellt will er nicht werden (bis auf den „Ausreißer" bei der Lufthansa war Emekci nie sozialversicherungspflichtig beschäftigt). Er fordert und bekommt gegen Rechnung ein monatliches Honorar in Höhe von 6000 Mark. Hinzu kommen Spesen und ein Prozent Provision ab einer bestimmten Umsatzhöhe. Das ergibt bald eine monatliche Honorarrechnung von 8000, manchmal 9000 Mark, auf die Emekci freilich Steuern und Sozialabgaben entrichten muss. Dennoch ist der Verdienst für einen jungen Mann in der damaligen Zeit alles andere als schlecht – das Durchschnittseinkommen 1996 lag hierzulande bei 4307 Mark.

Transpondergestützte Wegfahrsperren sind Ende des 20. Jahrhunderts ein Renner. In Deutschland werden unglaublich viele Autos gestohlen. Am häufigsten trifft es Fahrzeuge von Volkswagen, Opel, BMW und Mercedes. Insgesamt sind es im Jahr 1996 mehr als 76.000, die meisten davon in Nordrhein-Westfalen und Berlin. Viele Autos haben zu dieser Zeit keine eingebauten Wegfahrsperren, sondern nur Alarmanlagen. „Unser System hatte einen großen Vorteil, es war nachrüstbar. Man musste nur den Transponder in der Nähe des Zündschlüssels haben."

Wegfahrsperren bestehen aus drei Komponenten: Einem kleinen Transponderchip, der sich in der Plastikummantelung des Autoschlüssels befindet. Einer Antenne, die im Armaturenbrett untergebracht ist, am besten in der Nähe des Zündschlosses, und drittens der Wegfahrsperre selbst, die dafür sorgt, dass sich das Auto ohne Transponder nicht starten lässt. Damals wurde das Kurzschließen des Autos und damit der Diebstahl durch die Blockade der Benzinleitung, das Abschalten der Zündkerzen und die Deaktivierung des Zündkreislaufs erreicht.

Bülent Emekci ist nun also Marketingverantwortlicher eines aufstrebenden Unternehmens mit einer guten Geschäftsidee. Doch wie geht er jetzt vor? Schließlich war er noch nie in seinem Leben Marketingchef gewesen.

Als Erstes gibt er Hosefelder und dessen Leuten einen psychologischen Rat: Sie sollen innerlich den Schalter umlegen: „Hört auf, euch anzubiedern. Ihr habt ein tolles Produkt mit großartiger Technologie und solltet viel selbstbewusster auftreten." Vor allem wendet er jetzt vieles von dem an, was er in der Finanzbranche gelernt hat. Faustregel Nummer Eins lautet dabei: Frage nicht nach deinem Vorteil, sondern nach dem Vorteil des Kunden. Überlege dir also nicht, was dein Kunde für dich tun kann, sondern was du für deinen Kunden tun kannst.

Zunächst versucht er, den Herstellern selbst sein Produkt schmackhaft zu machen. Doch es ist schwierig, in den Firmenzentralen der Hersteller Porsche, BMW, Audi, Daimler-Benz oder VW die richtigen Ansprechpartner ausfindig zu machen und noch schwieriger, sie überhaupt nur ans Telefon zu bekommen, geschweige denn sie zu treffen. Also wendet er sich an diejenigen potenziellen Geschäftspartner, die für ihn erreichbar sind. Das sind die Niederlassungen der Hersteller vor Ort, die Händler, denn Emekci weiß: „Ich brauchte unbedingt eine Rechnung oder ein Referenzschreiben von der Filiale eines bedeutenden Herstellers. Wenn ich eines von beiden vorweisen kann, dann werde ich euer Produkt gut verkaufen."

Er gewinnt Filialen von Audi und VW als Abnehmer der Wegfahrsperren. Deren Chefs sind schnell zu überzeugen, denn sie haben bislang keine Lösung für das Massenphänomen Autodiebstahl. Die Nachrüst-Wegfahrsperre können Werkstätten problemlos einbauen. Es dauert etwa eine halbe Stunde und kann mit 500 bis 800 Mark in Rechnung gestellt werden – für die Werkstätten ein prima Geschäft.

Akribisch bereitet sich Emekci wie früher bei seinen Versicherungskunden auf seine Gespräche vor. Die Diebstahl-Statistik des ADAC hat er dabei und eine Frage, auf die ein Händler oder eine Vertragswerkstatt eigentlich nur eine positive Antwort geben kann: „Wollen Sie Ihren Kunden etwas Gutes tun und dabei noch Geld verdienen?" Manchmal legt er seinen künftigen Geschäftspartnern Zeitungsausschnitte vor, zum Beispiel einen mit der Überschrift „Werkstätten sind ratlos". Das müssen sie nicht bleiben – Bülent Emekci kennt die Lösung.

Auf Klein-Klein lässt er es schon damals nicht ankommen. Bülent Emekci hat nicht ohne Konsequenz jahrelang Versicherungen verkauft, er kennt sich aus in angewandter Psychologie. Deshalb verkauft er seine Wegfahrsperren nicht einzeln, sondern nur kartonweise mit jeweils 24 Stück zum Gesamtpreis von stolzen 1200 Mark.

Hugo Hosefelder, der eine Produktionsstätte in Eisenach gegründet hatte, war laut Emekci „ein guter Spieler, aber kein Torschütze". Irgendwann übernimmt er sich finanziell, wird insolvent und fragt seinen früheren Mitarbeiter Emekci, ob er nicht jetzt, inzwischen im Rentenalter, für ihn arbeiten könne. Emekci akzeptiert und stellt ihn als Entwicklungsleiter ein: „Alte Differenzen, als er mir ein Darlehen nicht zurückzahlte, waren vergessen. Er war ein Mentor und Vertrauter. Ich konnte mit ihm über alles sprechen, auch über private Dinge", erinnert sich Emekci. Und fügt hinzu: „Er fehlt mir bis heute." Manchmal besucht er Hugo Hosefelder an dessen Grab in Mörfelden-Walldorf. Selbst die Beerdigung für den Mann, der in schwierigen Familienverhältnissen lebte, hat Emekci bezahlt.

Hat ihn die Arbeit im Marketing für Hugo Hosefelder weitergebracht, hat sie ihn vorbereitet auf seine bald fällige neue Phase als Unternehmensgründer? Emekcis Antwort kommt sofort: „Gelernt habe ich in meiner Marketingtätigkeit Verhandlungsgeschick. Und von Hugo Hosefelder lernte ich, Businesspläne aufzustellen." Vor allem hat er sich Hosefelders Strategie „Think big" und „Think global" eingeprägt – das Vorbild sprach nie über Hunderte, sondern immer über mehrere Tausende. Das hat Emekci übernommen, und das habe ihn motiviert, mutig zu sein. In Verhandlungen bot der Marketingexperte nicht zehn Geräte an, sondern 5000. Der Kunde musste diese Offerte dann nach unten korrigieren, aber unter dem Strich nahm er immer mehr ab, als er vorhatte. Dass Klotzen besser ist als Kleckern, diese Lebensdevise Emekcis hat seine gute Freundin und Steuerberaterin Alexandra Kraft später noch bei ihm festgestellt: In der Pandemie, als alle Welt nach Desinfektionsmitteln und Masken rief, habe er nicht eine Palette Masken, sondern 100 Paletten bestellt.

Ein wichtiges Learning, da war Hugo Hosefelder ein abschreckendes Vorbild: „Ich werde nie rauchen." Lernen kann man also auch von den Fehlleistungen anderer. In diesem Sinne hat der angehende Unternehmer Bülent Emekci den Wert der Beständigkeit für sich hoch veranschlagt: „Ein Produkt zu entwickeln und in den Markt einzuführen, ist eine

Leistung. Aber mit diesem Produkt am Markt zu bleiben, ist eine Meisterleistung. Die hat die Firma HRH leider nicht geschafft."

Hosefelders Strategie „Think global" macht sich der junge Emekci bald zu eigen. Den Anstoß dafür bietet im Jahr 1998 die Reise mit einer Delegation, angeführt vom rheinland-pfälzischen Wirtschaftsminister Rainer Brüderle, nach China. Es geht nach Chengdu, in die Hauptstadt der Provinz Sichuan. Das China am Ende der neunziger Jahre des vergangenen Jahrhunderts ist mit dem boomenden Reich der Mitte von heute nicht zu vergleichen. Aber der junge Manager bekommt auf dieser Fahrt eine Idee für die Möglichkeiten, die sich geschäftlich außerhalb Deutschlands und Europas ergeben könnten. Das Erkunden Chinas in jenem Jahr ist gleichsam die Initialzündung für vieles, was noch kommen wird. Längst hat Emekci feststellen können, welch rasante Entwicklung China genommen hat. Er hält sich immer mal wieder dort auf, weil sein Unternehmen an einem Joint Venture beteiligt ist: In Weihai, im Nordosten der Provinz Shandong, werden Elektronikplatinen für emmi-Dent hergestellt. Den ursprünglichen Kontakt hatte noch Hugo Hosefelder vermittelt. Wenn Bülent Emekcis Unternehmen, die EMAG AG sich heute auf der Homepage emag-germany.de als ein global agierendes Unternehmen darstellen kann, so hat dies seinen Ursprung in der China-Reise vor mehr als einem Vierteljahrhundert.

KAPITEL 5

„Jeden Monat ließ ich mich daran erinnern, wie blöd ich war"

Bülent Emekci macht einen Riesenfehler / Der entpuppt sich als Startsignal für sein Unternehmen / Rettung durch Ultraschall

Heute besteht die im Jahr 1999 gegründete EMAG AG aus drei Sparten: emmiNAIL, Ultraschallwelt und Mikro-Ultraschall-Zahnreinigung. Anders ausgedrückt: Die EMAG AG sorgt für schöne Nägel, für saubere Zähne bei Menschen und Hunden und ist außerdem zuständig für die Reinigung kleinerer Gegenstände wie Brillen, Schmuck oder medizinische Geräte. Abnehmer von EMAG-Produkten sind unter anderen Nagelstudios, Arztpraxen, Juweliere und viele Privatleute. Das Unternehmen aus Mörfelden-Walldorf betreibt außerdem seit einigen Jahren das renommierte Restaurant „Am Römerbrunnen" in Bad Homburg. Die von

Bülent Emekci gegründete und von ihm geleitete Firma ist als Aktiengesellschaft organisiert, aber die Aktien sind nicht an der Börse handelbar. Die EMAG beschäftigt derzeit rund 100 Personen.

Dass Bülent Emekci die EMAG AG gründen würde, entsprang keinem lange gehegten Plan. Dass er selbstständig und unabhängig bleiben wollte – das hatte sich früh abgezeichnet. Aber die Existenz als Unternehmer war keinesfalls vorgezeichnet. Sie entsprang vielmehr einer Reihe von Ereignissen und Zufällen.

Alles begann mit einer heftigen Fehlinvestition. Man könnte sie „eine Dummheit" nennen, so spricht Bülent Emekci heute selbst darüber. Aus Schaden klug zu werden, das sagt sich leicht. Genauso schnell ist vom unaufhaltsamen Aufstieg eines Selfmademan die Rede. Mag sein, dass die Öffentlichkeit solche Geschichten liebt, sie gerne hört oder liest. Aber im Augenblick der Niederlage sehen erst einmal die wenigsten Betroffenen, ob es einen Ausweg gibt. Bülent Emekci ist vor solchen Rückschlägen nicht gefeit. Er neige immer wieder mal dazu, Leuten zu glauben, die ihm schöne Geschichten erzählen. Das berichtet Alexandra Kraft, die Steuerberaterin, und den Unmut über diesen Übermut kann man ihrer Stimme deutlich entnehmen: „Sie versprechen ihm das Geschäft seines Lebens. Wenigstens in einem Fall konnte ich ihn überzeugen, die Finger davon zu lassen." Dazu später.

Zuerst zurück zu Hugo Hosefelder. Der hatte im thüringischen Eisenach-Kindel die Firma PIT für die Produktion von Ultraschallgeräten und Mikroprozessoren gegründet. Die Versalien PIT standen für „Produktions- und Innovationsstätte Thüringen". Hosefelder bot seinem langjährigen Mitstreiter Emekci eine Beteiligung an.

Der junge Mann witterte eine unternehmerische Chance, hatte aber kein Geld. Die Bank lieh ihm 250.000 Mark. Als Sicherheit diente das Haus, in dem Emekcis Eltern lebten. Es folgte das, was Emekci heute seine Dummheit nennt: Er überwies Hosefelder die Viertelmillion ohne Vertrag, ohne notarielle Beglaubigung, ohne jede schriftliche Bestätigung. Bald sollte PIT unter anderem Rücklichter von Autos mit LED-Technik produzieren, doch deren „Lebensdauer" war noch nicht marktfähig und genehmigungsreif. Dadurch scheiterte letztlich das Unternehmen. Die Firma mit dem verheißungsvollen Namen war insolvent. Das Geld war weg, doch das Darlehen musste trotzdem weiter bedient werden, sonst wäre das beliehene Haus der Eltern in Gefahr geraten. Späte Selbsterkenntnis: „Ich hatte eine Riesendummheit gemacht."

Emekci wandte sich an den Insolvenzverwalter, der konnte nicht helfen, sondern beließ es bei dem Hinweis, der junge Mann habe nun mal mit Zitronen gehandelt. Selbst schuld.

Aber wie wäre es, dachte Bülent Emekci, wenn er eines der von PIT vorgesehenen Produkte selbst übernehmen und auf eigene Initiative versuchen würde, die Ultraschallgeräte zu bauen? Was jetzt geschah, war praktisch Notwehr. Bülent Emekci hatte einen Fehler gemacht und musste ihn ausbügeln. Das Haus seiner Eltern war in Gefahr. Er war gezwungen zu handeln. Und „Handeln" hieß jetzt für ihn Selbstständigkeit, Unternehmertum, Aufbruch, volles Risiko.

Als erstes fuhr Emekci nach Tschechien. Dort hatte ein Unternehmen für PIT die Wannen für Ultraschallgeräte herstellen sollen. Der Manager des tschechischen Unternehmens hieß Hajek, war ein Ehrenmann und sagte: „PIT schuldet uns 60.000 Mark. Wenn du dafür sorgst, dass wir das Geld zurückbekommen, können wir dir die Gehäuse überlassen, mit denen du Ultraschallgeräte produzieren kannst."

Emekci bestellte 5000 Gehäuse, die nur die Basis sind. Schriftlich schließt er mit den Tschechen einen Abnahmevertrag. Nun braucht er noch alle anderen Bauteile. Diese bestellt er, um sie später zu Ultraschall-Reinigungsgeräten zusammenzubauen.

Das Neue an Emekcis Reinigungsgeräten ist die Technik. Die herkömmlichen Apparate funktionierten analog, nun digitalisiert der studierte Elektroingenieur die Elektronik. Er bestellt Mikroprozessoren in Amerika, Chips bezieht er aus England, die Platine wandelt er von analog nach digital um; diese Platine lässt er in Egelsbach produzieren. Diese Aggregate lässt er in Tschechien mit den Tanks oder Wannen „verheiraten" (so lautet der Fachbegriff). Die auf diese Weise hergestellten halbfertigen Produkte schicken die Tschechen nach Mörfelden. Dort programmiert Emekci die Mikroprozessoren. Die neuen Geräte haben eine digitale Zeitschaltuhr und lassen sich in der Leistung regulieren, was bei analogen Geräten nicht funktionierte.

Durch die Digitalisierung arbeiteten die Geräte nicht nur konstanter, sondern konnten von 25 bis 51 Kilohertz auf unterschiedliche Frequenzen eingestellt werden – niedrig für die Reinigung von Zahnprothesen, höher für die Säuberung von Brillen.

Im Keller des elterlichen Hauses wird alles zusammengesetzt. Die Innen- und Außenverpackung muss besorgt, die

Geräte müssen darin verpackt und die Labels müssen auch noch appliziert werden. Alles ist Handarbeit. Vater Mehmet hilft; die winzigen Mikroprozessoren, nur so groß wie der Nagel eines kleinen Fingers, muss er mit der Pinzette „anfassen". Überhaupt ist die Produktion komplett Familienangelegenheit: Der Bruder sorgt nach seiner regulären Arbeit am Flughafen für die Verpackungen und macht die Päckchen versandfertig, Bülent schreibt die Lieferscheine. Pro Tag werden fünfzig bis hundert Geräte montiert, verpackt, gestapelt. Als dem Vater der Keller zu dunkel wird, macht er kurzerhand das Wohnzimmer zu seinem neuen Arbeitsraum.

So werden also die ersten „emmi 05 Ultraschall-Reinigungsgeräte" in Handarbeit produziert. 05 heißen sie, weil der Tank einen halben Liter Flüssigkeit aufnimmt. emmi 20 hat einen Zwei-, emmi 50 einen Fünf-Liter-Tank.

Irgendwann waren die ersten tausend Geräte aus dem Hause Emekci produziert. Nun hieß es, Abnehmer für sie zu finden. Emekci griff zum Telefon und fragte bei den unterschiedlichsten Branchen, ob Bedarf bestehe – bei Metzgern und Friseuren, Drogerien, Dentallaboren, Zahnarztpraxen, Kliniken. Auf Interesse stieß er bei Motorradwerkstätten. Emekci, schon lange im Besitz eines Motorradführerscheins, wusste aus Erfahrung, dass die Vergaser regelmäßig gereinigt werden mussten. Er besuchte Werkstätten von Harley Davidson, Suzuki, Yamaha – und hatte Erfolg. Sogar bei Ferrari bekam er in der Wiesbadener Zentrale einen Termin. Dem Sportwagenhersteller verkaufte er für die Reinigung der Buntmetall-Motoren ein Ultraschallgerät samt Spezialreiniger, der die verschmutzten Motoren wie neu aussehen lässt. Mit dem Namen Ferrari als Top-Referenz öffneten sich die Türen weiterer Autohäuser.

Am wichtigsten aber wurden für den Jungunternehmer die Optiker. Als erstes nahm er Kontakt mit Eschenbach-Optik auf: „Ich habe hier ein digitales Ultraschall-Reinigungsgerät, made in Germany. Kostet für euch 95 D-Mark, ihr könnt es für 195 inklusive Mehrwertsteuer verkaufen." Man begann zu verhandeln. Am Ende sprangen für Emekci 75 Mark pro Gerät heraus. Eschenbach bestellte 500 Stück, ein erster Durchbruch.

Anschließend besuchte Emekci Markus Pürner bei Conrad Elektronic. Dem Einkaufsleiter, Abteilung Werkzeuge, ist er heute noch dankbar, denn Pürner fand Gefallen an dem jungen Mann und sagte: „Ich kann Sie als Lieferant anlegen und dann bei Ihnen etwas bestellen."

Die Verhandlungen dauerten lange. Schließlich einigte man sich auf die Abnahme von 1000 Geräten. Emekci sicherte zu, dass bei Kundenreklamationen nichts umständlich eingeschickt und repariert werden müsse, sondern die Geräte sofort ausgetauscht würden. Von Anfang an, das hatte er gelernt, verkaufte Bülent Emekci seine Ware nie einzeln, sondern immer in Verpackungseinheiten von je 15 Stück.

Das Geschäft lief also an. Aber da war ja noch dieser Kredit. Durch die Verkäufe der Geräte war sichergestellt, dass das Darlehen bedient werden konnte. Nach einer gewissen Zeit hätte der erfolgreiche Jungunternehmer der Bank sogar die volle Restsumme auf einen Schlag zurückzahlen können.

Er tat es nicht. Die monatliche Rate von 825 Mark für Zinsen und Tilgung ließ er die nächsten zwanzig Jahre lang weiter abbuchen. Alle vier Wochen wollte er auf seinem Kontoauszug durch diese Summe an seine Dummheit erinnert werden: „Jeden Monat, wenn die 825 Mark abgebucht wurden, ließ mich dieser Betrag daran gemahnen, wie blöd ich war, jemandem Geld zu geben, ohne eine Sicherheit zu haben. Es sollte mir eine Lehre fürs Leben sein."

Nicht nur am Rande sei erwähnt, dass sich Vater Mehmet und Mutter Yeter Sorgen um ihr Haus machten, als sie erfuhren, dass PIT insolvent und das Geld ihres Sohnes in Gefahr war. Aber es wurde nie ein Vorwurf laut, die Eltern warfen ihrem Sohn nicht vor, durch Leichtsinn oder Gutgläubigkeit ihre Existenz zu gefährden – ein Zeichen für die Zusammengehörigkeit der Familie Emekci.

Doch die Fehlleistung, bedingt durch Vertrauensseligkeit gegenüber einem Geschäftspartner, wird dennoch nicht verhindern, dass Bülent Emekci in den Folgejahren immer mal wieder Menschen traut, die das nicht verdienten.

Und wenn man gute Ratgeber, in diesem Fall Ratgeberinnen hat, bewahrt einen das eventuell vor solchen Taten. Alexandra Kraft berichtet von einem Mann, der vor einigen Jahren behauptete, die Tennislegende Boris Becker zu kennen. Diese Referenz der Prominenz sollte reichen, um dem möglichen Geldgeber die Idee schmackhaft zu machen, Autobahnen in Namibia zu bauen. Die Geschichte erinnert ein wenig an Ephraim Kishons absurde Erzählung vom „Blaumilchkanal" in Tel Aviv. Aber dort im Süden Afrikas, redet Alexandra Kraft dem Freund ins Gewissen, herrsche im hohen Maße Korruption und kaum Rechtssicherheit. „Ich habe ihm gesagt, wenn das Geld so auf der Straße liegt, müssten schon andere auf die Idee gekommen sein." Als das anscheinend immer noch nicht half, setzte die Steuerberaterin ihr letztes Mittel ein. „Ich habe ihm mit geschäftlicher Trennung gedroht." Zu dem Zeitpunkt hatte Bülent Emekcis seinem vermeintlichen Partner schon einiges vorgestreckt. Die Notbremse half, Emekci erstattete Anzeige wegen Betrugs.

Diese Art von Lehrgeld zahlt wohl jeder erfolgreiche Unternehmer, der zugleich Menschenfreund und manchmal risikofreudig ist. Erfolgreich konnte Bülent Emekci nur dadurch werden, dass er technisches Innovationsgeschick mit enormem Offensivdrang kombinierte. Diese Energie setzte er jetzt ein, als es um die weitere Vermarktung seines digitalen Ultraschallgeräts ging. Eschenbach und Conrad sollten nicht die einzigen Abnehmer bleiben. Auch bei größeren Optikern mit mehreren Filialen wie Bouffier und Binder stieß er auf Interesse.

Dann kam Emekci auf die Idee, sein Faxgerät für sich arbeiten zu lassen, es wurde sozusagen sein eifrigster Außendienstler. Wir sprechen von einer Zeit, als E-Mails noch eine ausgesprochen exklusive Korrespondenz war. Er fütterte also das Fax mit den Daten von Optikern aus ganz Deutschland, die Nummern programmierte er von Hand, das Fax lief die ganze Nacht durch. Als Resultat strömten mehr als 800 Bestellungen herein – aber auch zwei Abmahnungen.

Als sein Faxgerät mit weiteren Schreiben nicht mehr fertig wurde, besorgte sich Emekci zwei ISDN-Leitungen. Sonntags versandte er über Nacht die Faxe an Optiker in Deutschland. Wiederum hagelte es Bestellungen, aber auch mindestens zehn wütende Anrufe: Da einige Optiker ihr Gerät daheim stehen hatten, wurden sie nachts geweckt.

Beim Versand seiner Verkaufsbotschaft blieb es nicht. Emekci bereiste Deutschland und Österreich und besuchte – da mag sich der ehemalige Versicherungsmann in ihm geregt haben – die Optik-Geschäfte direkt. Bei diesen Gesprächen stellt er fest, dass er sich ein weiteres Geschäftsfeld erschließen könnte, da die Optiker sich häufig nach Reinigungsmitteln erkundigten, die sie dem Wasser im Ultraschall-Becken beifügen können.

Über eine solche Flüssigkeit verfügte Emekci zwar nicht, wohl aber über die blitzschnelle Witterung für ein gutes Geschäft. Er kaufte bei Aldi das Konzentrat eines Universalreinigers, experimentierte eine Weile, in welcher Verdünnung das Mittel sparsam, aber effizient eingesetzt werden konnte, reduzierte die Konzentration auf den niedrigsten wirksamen Prozentsatz, füllte dieses Mittel in kleine Fläschchen ab und klebte ein Label darauf – voilá, fertig waren Produkt und Geschäftsidee. Damit aber nicht genug: Emekci legte künftig jeder Packung ein Fläschchen mit 0,1 Liter Reinigungsflüssigkeit bei – „somit war das Folgegeschäft gesichert".

Längst ist das EMAG Reinigungskonzentrat perfektioniert und wird mit folgenden Worten beworben: „Für die optimale Ergänzung zu unseren Ultraschallreinigungsgeräten ist es zu empfehlen, zusätzlich das passende EMAG Reinigungskonzentrat zu verwenden. Dieses unterstützt die Wirkkraft unserer modernen Ultraschalltechnik ideal. Herkömmliche Reinigungsmittel enthalten häufig aggressive Inhaltsstoffe, welche die Oberflächen Ihrer zu reinigenden Gerätschaften angreifen und somit beschädigen können. Mit unseren innovativen EMAG Reinigungskonzentraten werden Ihre Gerätschaften hingegen schonend und zugleich sehr effizient gereinigt."

Das Geschäft mit den Optikern war also gut angelaufen, sowohl mit den Geräten als auch mit dem Reinigungskonzentrat. Der junge Unternehmer suchte nach weiteren möglichen Abnehmern. Er rief bei Metzgern an, bei Friseuren, die Resonanz war mal besser, mal schlechter. Ihm fiel die Ursprungsidee wieder ein, auf die er durch sein Motorrad gekommen war und rief abermals Motorrad- und Autowerkstätten an, Stichwort Vergaser.

Dann ging er auf Porsche zu, auch hier mussten diese Aggregate gereinigt werden. Der Werkstattleiter einer Filiale in Darmstadt lud ihn ein und ließ sich sofort überzeugen. Dem Ferrari-Chefeinkäufer erzählte er, dass seine Firma bereits Porsche beliefere und Mercedes – „als Verkäufer darf man gelegentlich übertreiben". Bei Ferrari stellte Emekci fest, dass dort ganze Motorblöcke per Hand mit Drahtbürste gereinigt wurden: „Der Mann, der das machte, sah schwarz aus wie ein Schornsteinfeger."

Emekci versprach, das könne er viel leichter und besser ausführen. Allerdings musste er dafür ein so großes Becken bauen, dass der Motor hineinpasste. Die Investition von 10.000 Mark nahm er auf sich, ließ die 950-Liter-Wanne herstellen und führte dem Ferrari-Chefeinkäufer und seinen Leuten vor, wozu der Ultraschall fähig war: „Der Motor kam heraus wie nagelneu."

Nach harten Preisverhandlungen durfte Emekci die damals 24 Filialen von Ferrari in ganz Deutschland beliefern. Zusätzlich versorgte er sie mit Reinigungskonzentrat für die

Motoren aus Buntmetall. Nun konnte er mit dem italienischen Sportwagenhersteller als Referenz ein weiteres gutes Verkaufsargument anführen: „Ferrari ist jetzt zum dritten Mal Weltmeister geworden, ich beliefere diesen Hersteller exklusiv. Über die Qualität brauchen wir also nicht mehr zu reden, nur noch über den Preis." Bei Ford öffnete ihm der Name „Ferrari" die Türen, für den Kölner Massenhersteller entwickelte Emekci ein Ultraschallreinigungsgerät mit Fettabscheider. Er verkaufte es fünf Mal für je 31.000 Mark, ein gutes Geschäft. Nach Ford versuchte er sein Glück bei Lufthansa und Air France und verkaufte mit Hilfe des Handelsvertreters John-Piere Blain der französischen Luftfahrtgesellschaft Ultraschallgeräte im XXL-Format und der Kranich-Linie immerhin Standard-Ultraschallgeräte.

In dieser Phase aber kam Bülent Emekci auf eine weitere Erkenntnis. Sie betrifft die Logistik, die Größe und die Transportmöglichkeiten seiner Reinigungsgeräte. Hatte eines der großen Ultraschallgeräte für die Autoindustrie einen Schaden, wurde es sehr teuer. Meist ging durch ein defektes Gerät die Gewinnmarge von zwei intakten Geräten zurück: „Bis man das geholt hatte, reparierte und wieder zurückschickte, hatten wir viel Geld verloren." Er stellte einen Außendienstmitarbeiter an, der vor Ort reparieren sollte. Aber das funktionierte nie.

Emekci disponierte um und beschloss, nur noch Geräte zu bauen, die er mit einer Speditionspalette zurückholen lassen konnte. Intern im Betrieb einigten sich alle darauf, nur noch das zu verkaufen, was auf eine Europalette passte, also in der Breite 80 Zentimeter und in der Länge 1,20 Meter. Doch damals waren die Speditionen unzuverlässig, ließen schon mal bei der Anlieferung die Geräte fallen. Und dann machte DHL dem jungen Unternehmen ein Angebot, das es nicht ablehnen konnte: „Wir liefern alles in ganz Deutschland aus, was nicht schwerer als 30 Kilogramm ist, für 3,80 Euro."

Emekci griff zu. Und verbannte aus seiner Produktion alles, was schwerer war als 30 Kilo. Nachdem die 1969 von den drei Amerikanern Adrian Dalsey, Larry Hillblom und Robert Lynn gegründete DHL – daher die Abkürzung – im Jahr 2002 von der Deutschen Post übernommen worden war, konnten die Abnehmer die Geräte für Retouren immer an jeder Postfiliale zurückgeben. „Heute sage ich: Alles, was wir nicht mit DHL versenden können, produzieren wir nicht. Die Logistik wurde also für uns ein sehr wichtiger Baustein des Erfolgs."

Noch heute produziert und verkauft die EMAG AG ihre Ultraschallgeräte. Im Jahr handelt es sich um etwa 30.000 Exemplare, schätzt der Chef des Hauses. Die gängigsten Modelle fassen einen halben, zwei und vier Liter, die größeren, mit einem Tank bis zu 42 Liter, sind Nebenprodukte. Die Drei-Liter-Modelle werden vor allem von Kliniken angeschafft, die darin Operationsbestecke oder Scheren reinigen.

Wie muss man sich Bülent Emekci im Jahr der Firmengründung vorstellen? Er ist zu diesem Zeitpunkt, im Jahr 2000, 32 Jahre alt und seit sechs Jahren verheiratet. Das binationale Ehepaar Annette und Bülent hat zwei Kinder. Vor vier Jahren kam Sohn Can zur Welt, vor zwei Jahren Sohn Deniz. Hinter dem jungen Vater liegen ein abgeschlossenes

Studium, etliche Jahre des neben- und hauptberuflichen Arbeitens in der Finanzdienstleistung, sodann vier Jahre im Automotive Business mit dem Schwerpunkt Marketing.

Nach einem zielstrebigen Karriereplan sieht das alles nicht aus. Dann bietet sich ihm die Chance, eigenes Geld in ein Unternehmen zu investieren, somit also den Schritt ins selbstständige Unternehmertum zu starten, doch dieses Projekt scheitert grandios und schnell. Die Sache wäre schlimm genug gewesen, hätte er sein eigenes Geld eingesetzt und verspielt. Aber es handelt sich um geliehene Mittel, um Geld, das ihm nicht gehört. Und obendrein ist durch seine Fahrlässigkeit nun auch noch das Haus seiner Eltern in Gefahr.

Jene Fehlinvestition von 250.000 Mark, so blauäugig sie war, erweist sich dennoch als Glücksfall. Warum?

Dadurch, dass Hugo Hosefelder dem jungen Mitstreiter sein Geld nicht zurückzahlt und dadurch, dass er sich keinerlei Sicherheit hat geben lassen und ihm also auch der Insolvenzverwalter die kalte Schulter zeigt – durch alle diese Missgeschicke ist Bülent Emekci jetzt praktisch zum Erfolg verdammt. An dieser Stelle fällt einem ein anderer Unternehmer aus dem Rhein-Main-Gebiet ein, der im Oktober 2023 verstorbene Claus Wisser, Gründer des Dienstleisters WISAG mit inzwischen 50.000 Mitarbeitern und einem Milliardenumsatz. Auch er stand nach einer Fehlinvestition vor einem Scherbenhaufen und war zum Erfolg geradezu verdammt: „Ich musste arbeiten wie ein Tier“, sagte er im Rückblick auf jene Jahre, in denen er Schritt für Schritt von seinem Schuldenberg herabstieg.

Wäre Bülent Emekci ein anderer, als er ist, hätte ihn vielleicht in dieser Phase eine Depression befallen können, eine Lähmung, ein psychischer und physischer Abstieg. Doch in dieser Krise zeigt sich seine innere Kraft. Er bäumt sich auf gegen die drohende Abwärtsspirale, er beweist seine hellwache Flexibilität.

Eben diese Fähigkeit, sich rasch umzustellen auf neue Bedingungen und Herausforderungen, erweist sich in der Phase des „Klinkenputzens" für die Ultraschallreinigungsgeräte als äußerst hilfreich. Der Jungunternehmer wird bei Aldi Nord vorstellig, um dieser schon damals starken Discounter-Kette seine Ultraschallgeräte anzupreisen. Der Endpreis im Laden sollte 199 Euro betragen. „Zu teuer für unsere Klientel", befand der Aldi-Einkäufer. „Aber wir bereiten jetzt gerade unser Programm für den Herbst vor. Ich bräuchte da mal eine Idee von Ihnen."

Dann schildert er das Problem: Menschen, die zur Miete wohnen, haben meist mehrere Schlüssel. Einen für die Haustür, einen für die Wohnungstür. Manchmal noch einen für ein Gartentor, eine Garage oder einen für die Tür, hinter der die Mülltonnen stehen. Auch Bewohner von Einfamilienhäusern müssen in der Regel für Haustür und Garage zwei Schlüssel verwenden. Wäre es nicht gut, wenn ein einziger Schlüssel mehrere Türen öffnen könnte?

Emekci sagt sofort zu, sich um das Problem zu kümmern. Er fliegt in die Türkei und spricht dort mit Herstellern von Schließsystemen, unter anderen mit Kale Kilit. Er bekommt ein ordentliches Angebot, das den Qualitäts- und Preiserfordernissen des Discounters entspricht. Bei Aldi

Nord ist man einverstanden: „Du musst die Angelegenheit vorfinanzieren, aber nach 43 Tagen zahlen wir."

„Prima", sagt Emekci, „geben Sie mir die Bestellung bitte schriftlich, dann steht dem Geschäft nichts mehr im Wege." Mit dieser Auftragsbestätigung geht er zur Bank, die ihm 230.000 Euro vorstreckt. Nach genau 43 Tagen trifft der Scheck von Aldi ein. Etwa drei Jahre lang währt die Zusammenarbeit. Sie wird eingestellt, weil der türkische Hersteller nicht liefertreu genug ist. Die Restbestände an Schlössern werden an einen örtlichen Stahlbauer verkauft. Unterm Strich war es ein erfolgreiches Geschäft.

Längst reichen für die Herstellung und Lagerung der Ultraschallreinigungsgeräte die Räumlichkeiten im elterlichen Haus nicht mehr. Der junge Unternehmer sieht sich nach einer Bleibe für ein Büro, Produktions- und Lagerräume um. Fündig wird er in der Gerauer Straße in Mörfelden. Hier in der Hausnummer 34 befand sich ein Heizungs- und Sanitärbetrieb, eine 20 mal 10 Meter breite Hütte, eingeschossig, mit anthrazitfarbenem Dach. Dieses Gebäude kauft Emekci im Jahr 2003, saniert es und baut es aus. Kauf und Renovierung kosten ihn 450.000 Euro. Es entstehen Sekretariat, Lagerräume, Besprechungszimmer und das Büro für den Chef.

Der Chef stellt jetzt Leute ein – die Sekretärinnen Janine Kirsch und Samira Atig und u. a. Frau Dittrich fürs Lager, die heute noch für das Unternehmen arbeitet. Sein jüngerer Bruder Cüneyt hilft nebenberuflich mit der Betreuung des Vertriebs. Ingo Stauch stößt später dazu. Es ist eine Zeit des Aufbruchs.

„Wir waren euphorisch. Wir konnten uns ernähren, wir konnten die Hypothek für das Firmengebäude zahlen. Die erste Gehaltssumme, an die ich mich erinnere, betrug 15.000 Euro. Da macht man sich schon ein bisschen Gedanken, aber noch war diese Größenordnung überschaubar. Irgendwann waren es 30.000. Da macht man sich schon mehr Gedanken. Irgendwann waren es dann schon 90.000. Dann kriegt man schon ein bisschen Angst oder mindestens Respekt. Man fragt sich: Was ist denn, wenn ich einen Monat mal gar keinen Umsatz habe?"

Gegen solche verständlichen Ängste, die wohl jeder Selbstständige nachvollziehen kann, findet Bülent Emekci bald ein Rezept: „Ich habe mir gesagt: Die ersten 15 Tage eines Monats muss erst einmal das Geld für die Gehälter verdient werden. Die restlichen Tage gelten dem Materialeinkauf, den laufenden Kosten und dem Profit. Tatsächlich lief es dann so gut, dass wir meist schon am elften, zwölften Tag eines Monats feststellten: Wow, die Gehälter sind sicher. Danach wich der Druck, die Tage wurden relaxter und freier, es entstand eine angenehme Arbeitsatmosphäre."

Emekci ist nun Arbeitgeber, das heißt, er trägt Mitverantwortung für das Leben anderer Menschen. Als die Geschäfte so gut angelaufen sind, denkt er: „Okay, liebe Leute, wenn es mir gut geht, soll es auch euch gut gehen." Er verfügt, dass die Gehälter nicht am Monatsende, sondern grundsätzlich stets am 26. Tag eines Monats ausgezahlt werden. Dabei ist es in den letzten 23 Jahren geblieben.

Damit den Mitarbeitern klar ist, wo das junge Unternehmen steht, bekommen die Kollegen, die im Einkauf und

Verkauf Teil des operativen Geschäfts sind, Sichteinblick in die Geschäftskonten. Wobei manchen erst deutlich gemacht werden muss, dass Umsatz nicht gleich Gewinn ist, dass die Umsatzsteuer nur ein durchlaufender Posten ist, der dem Finanzamt gehört, und dass am nächsten Zehnten eines Monats wieder die Lohnsteuer fällig ist.

Neben der Sorge um die Gehälter, neben der Verantwortung für die Mitarbeiterinnen und Mitarbeiter macht der Jungunternehmer noch eine weitere neue Erfahrung: Früher war er ausschließlich für sich selbst tätig. War er einmal krank oder im Urlaub, verdiente er nichts. Jetzt wurde das System des Gelderwerbs unabhängiger von seiner Person: „Selbst, wenn ich nicht da war, hat meine Sekretärin Frau Atig das Ganze gemanagt. Wenn große oder kleine Kunden etwas bestellten, dann lief das alles seinen eingespielten Gang. Ich hatte alle Abläufe so eingerichtet, dass sie unabhängig von mir zwei bis drei Wochen funktionierten“, erinnert sich Emekci. Geholfen habe ihm überdies das systematische Arbeiten, das Erstellen von Businessplänen, das er bei Hugo Hosefelder gelernt und unbewusst nachgeahmt habe.

EMAG
emmi
emmi
emmi
emmi
Mo - Fr
9:00 - 17:30 Uhr
10:00 - 14:00 Uhr
Gerauer Str. 34
34

KAPITEL 6

„So geriet ich in die Nagelbranche“

Unzuverlässigkeit als Glücksfall / Entdeckung einer neuen Welt / Ebay verhilft zum Durchbruch

Im Herbst 2003 bekommt Bülent Emekci Besuch von Achim Söhn aus Kelkheim am Taunus. Er ist Inhaber der Firma „German Dream Nails“. Söhn hat ein Lichthärtungsgerät mitgebracht und fragt, ob Emekci das billiger herstellen könne. Der studierte Elektroingenieur schaut sich das Ding von innen an und stellt fest, dass es sehr einfach konstruiert ist. Er fragt Söhn, wie viel er denn für diese Lichthärtungsgeräte, die aus Frankreich oder Amerika stammen, zahlt. „Rund 100 Euro“, ist die Antwort.

Emekci überschlägt die Kalkulation schnell im Kopf. Er fordert pro Stück 35 Euro. Er fügt hinzu: Aber nur unter der Bedingung, dass Söhn ihm 1000 Geräte abnimmt. Söhn ist einverstanden und lässt sich sogar auf einen Vorschuss für Material und Werkzeug ein.

Die ersten 300 Stück, jeweils etwa so groß wie ein Schuhkarton, nimmt Söhn ihm tatsächlich ab und bezahlt sie. Auf den restlichen 700 bleibt der Produzent ab März 2004 allerdings sitzen, der Geschäftspartner von Söhn ist nicht vertragstreu.

Das (Geschäfts-)Leben geht oft seltsame Wege. Eben die Unzuverlässigkeit des Inhabers der Firma German Dream Nails erweist sich als Initialzündung für einen Geschäftszweig, der Bülent Emekci und seinem Unternehmen emmiNAIL rosige Zeiten und ungeahnte Umsätze bescheren wird. Was war geschehen?

1999 wurde der Online-Marktplatz Ebay Deutschland gegründet, der bald boomte. Ohne sich große Hoffnungen zu machen, bot Emekci seine übriggebliebenen Lichthärtungsgeräte dort an. An einem Donnerstag stellte er seine Schätze, von denen er noch nicht ahnte, dass sie ein Blockbuster würden, ins Internet. Für jedes Gerät verlangte er jetzt nicht 35, sondern 40 Euro. Vier Tage später, am Montag, schaute er wieder bei Ebay nach, alle waren verkauft: „Ich war total überrascht. Aber damit war unsere neue Sparte emmiNAIL entstanden." Denn der Bedarf war noch lange nicht gedeckt, Emekci baute Nachschub. Bald wurden aus den ursprünglich 1000 Geräten 2000, 5000, 10.000 – pro Monat.

Irgendwann müsse der Markt doch gesättigt sein, dachte der Unternehmer, „so viele Nagelstudios gibt es doch gar nicht". Bis er feststellte, dass es vor allem die Endverbraucherinnen waren, die jetzt ihre Nägel daheim verschönerten und dabei Geld sparten. Der Hype war ungebrochen. Bis zu

18.000 UV-Lichthärtungsgeräte wurden in der Spitze monatlich verkauft – mittlerweile liegen die Produktionszahlen bei rund 8000 Exemplaren pro Jahr.

Die Geräte wurden im Laufe der Jahre verbessert und technisch verfeinert. Die Gehäuse aus Metall wurden durch solche aus Kunststoff ersetzt. Der Timer für die unterschiedlichsten Härtungsgrade wurde mit 30, 60 und 120 Sekunden eingeführt, ebenso die LED-Technik, die Bodenplatte zum Wechseln. Bei den UVA-Röhren im Inneren der Geräte experimentierten die Entwickler ein wenig; erst kamen sie aus China, dann aus Polen. Um das Folgegeschäft zu sichern, wurden die Röhren so konzipiert, dass fremde Röhren nicht mehr in die Geräte passten: „Wer mein Gerät hatte", sagt Emekci, „musste auch meine Röhren verwenden." Durch die Verringerung des Härtungsspektrums auf 360 bis 420 Nanometer trockneten die Lacke besser und glänzten intensiver. Lüfter wurden eingebaut, die Gele auf die Geräte abgestimmt, insgesamt waren die teureren Geräte jetzt auf Dauerbetrieb in den Nagelstudios eingerichtet. Die Profigeräte gingen für 139 Euro über die Theke. Den Endverbraucherinnen aber, die ihr Lichthärtungsgerät nur alle paar Wochen einsetzten, bot emmiNAIL eine simple, auf das Notwenige reduzierte Version zum Preis für nur 39 Euro an.

In den Anfangsjahren lebte die Nagelsparte von EMAG ausschließlich von der Produktion und dem Verkauf der Lichthärtungsgeräte. Im Markt befinden sich schätzungsweise zwei Millionen Exemplare, die im Laufe der Zeit aus Mörfelden-Walldorf nach Deutschland und in die Welt verkauft wurden – etwa die Hälfte dürfte nicht mehr benutzt werden oder ist inzwischen defekt.

Aber die etwa eine Million, die noch in Betrieb ist, sorgen für ein erfolgreiches Dauergeschäft mit Lacken, Gelen, Zubehör. In der Nagelsparte – man höre und staune – bietet emmiNAIL inzwischen 2600 verschiedene Artikel an. Das reicht von kompletten Startersets für Anfänger, Fortgeschrittene und Profis bis zu Gelen, Lacken, Feilen, Pinseln, Strass, Stickern, Nailart-Sets, Glitterpuder, Tips, Nagelöl, Cleaner, Rosenholzstäbchen zum Zurückschieben der Nagelhaut – name it, we have it.

Allein bei den Feilen wird unterschieden zwischen geraden und gebogenen Feilen, Wechselfeilen, Polierfeilen, Motivfeilen und Fußpflegefeilen. Damit es in den Nagelstudios mit der Hygiene stimmt, finden sich im Angebot Handschuhe aus Nitril, Latex und Nylon, Handdesinfektionsmittel, Desinfektionstücher, Luftbefeuchter, Dosierpumpen, Ultraschallreiniger, Staubschutz- und Atemschutzmasken.

Längst sorgt die emmi AKADEMIE mit Schulungen der Mitarbeiterinnen von Nagelstudios für Professionalisierung und Kundenbindung: „Mit jahrzehntelanger Erfahrung im Bereich UV-Gel und Nailart können wir Ihnen professionelle Basiskurse und DEKRA zertifizierte Profikurse an vielen Standorten in ganz Deutschland anbieten. Nutzen Sie unser Know-how für Ihren Erfolg und buchen Sie jetzt einen unserer Kurse aus den Bereichen Nageldesign, Acryl-Modellage, Lashes Wimpernverlängerung, Hygiene oder Coaching."

Die Coronapandemie, in der die Nagelstudios schließen mussten, überstand emmiNAIL dank geschickter Arbeit im Internet: Filmische Anleitungen brachten die Frauen dazu, ihre Nägel daheim selbst zu modellieren, ein dramatischer Einbruch konnte auf diese Weise verhindert werden.

▶ Künstliche Fingernägel

Künstliche Nägel sind heute ein Massenphänomen. Auf Instagram erscheinen unter dem Stichwort #nails nicht weniger als 250 Millionen entsprechende Bilder. Das Internet ist voll von Gelen in allen erdenklichen Farben, Kunstnägeln mit allen nur vorstellbaren Mustern, mit Zubehör von der Nagelfeile bis zum Fräser. Viele Frauen begreifen Kunstnägel als Mittel der Verschönerung und Individualität.

Verstärkt wurde der Nagel-Boom durch populäre Serien wie „Gute Zeiten, schlechte Zeiten" (seit 1992 bei RTL). Die dort auftretenden Schauspielerinnen hatten „gemachte" Nägel und regten die Zuschauerinnen zur Nachahmung an. Auch Heidi Klums „Germany's Next Top Model" (seit 2006 auf ProSieben) verstärkte mit jungen angehenden Models den Trend. Klum selbst setzt ebenfalls auf künstliche Fingernägel. So heißt es im Jahr 2023 auf der Homepage von Pro7: „Eines ihrer Markenzeichen sind ihre perfekten, langen Fingernägel, die sie uns aktuell in ovaler Form und in ihren Signature-Farben Nude, Weiß, Rot und Schwarz präsentiert. Wir werfen einen Blick auf ihre aktuellen Looks und zeigen euch, wie ihr die Nageldesigns ganz einfach nachmachen könnt."

Der gestalterischen Vielfalt der Nagelstudios wie der Endverbraucherinnen waren und sind kaum Grenzen gesetzt: Kunstnägel gibt es nicht nur in allen erdenklichen Farben und Mustern, sie lassen sich auch ergänzen durch Strasssteine, Glitter, Sticker mit den unterschiedlichsten Motiven, Pailletten und winzigen Ringen.

Grundsätzlich gibt es zwei Methoden, die Naturnägel zu verschönern: durch Modellage mit Gel und durch die Acryl-Methode. Für beide Verfahren sind UV-Lichthärtungsgeräte nötig. Bei

Acryl wird eine Kombination aus einer Flüssigkeit und aus einem Pulver angemischt und auf die Nägel aufgetragen. Das Acryl ist härter als Gel und kann deshalb dünner aufgetragen werden. Da das Material schnell erhärtet, ist für die Acrylmethode eine gewisse Könnerschaft in den Nagelstudios nötig.
Bei der Gel-Methode, die in Deutschland die gängigste ist, wird auf die natürlichen Nägel ein Kunststoff aufgetragen, der in einem Gerät mit UV-Licht gehärtet wird. In das noch weiche Gel können andersfarbige Gele oder Schmuckelemente wie Trockenblümchen und Kristalle, Symbolmotive oder Strass eingearbeitet werden.

So erfreulich die Nagelsparte für Umsatz und Gewinn war – sie erforderte doch eine völlig neue Logistik. Platz wurde gebraucht und geschaffen für das Ladengeschäft in der Gerauer Straße, in dem die Betreiber von Nagelstudios wie die Endverbraucherinnen ihre Einkäufe tätigen konnten und können. Die aufstrebende Firma stellte mehr Personal ein. Der Versand der oft kleinteiligen Bestellungen musste neu organisiert werden, ebenso die Lagerhaltung, das Bestellwesen, der Materialnachschub, das Rechnungs- und Buchungssystem, die Verkaufsförderung und eine emotionale Ansprache der Kundinnen im Internet. Unter dem Strich aber heißt es bis heute bei allem Aufwand: Der Aufwand hat sich für das Unternehmen bis heute gelohnt.

Trotz des großen Erfolgs bleibt der neue EMAG-Geschäftszweig jedoch im Branchenvergleich noch ein Zwerg.

2007 forcieren Emekci und seine Leute das Geschäft mit den Endverbraucherinnen, da die Gewinnmarge bei den professionellen Studios immer geringer ausfällt. Als sie einen Umsatz von drei Millionen Euro im Jahr verbuchen, sind sie stolz, doch Marktführer Alessandro bringt es zur selben Zeit bereits auf rund 20 Millionen, „für mich damals eine gigantische Summe".

Mit der neuen Geschäftssparte taucht Bülent Emekci auch mental und sinnlich in eine andere Welt ein. Es ist der weibliche Kosmos aus Schönheit, Mode, Körperbezug, Emotion. Der bisher naturgemäß vor allem technisch geprägte Blick des Elektroingenieurs auf das Dasein weitet sich in jener Zeit deutlich.

So richtig begreiflich und anschaulich wird ihm das, als er in Frankfurt im Oktober 2004 zum ersten Mal die Messe „Hair & Beauty" besucht und dort zugleich einen Stand aufbaut. Er ist begeistert von diesem neuen „Spirit", von den vielen chic zurechtgemachten Frauen, von deren Enthusiasmus für alles, was schön ist. Das junge Unternehmen kann dort Bestellungen im Wert von 50.000 Euro aufnehmen – „das war für uns damals sensationell".

Im folgenden Jahr, 2005, geht emmiNAIL auf der Wiesbadener Fachmesse „Cosmetica" in die Offensive. Der Stand misst jetzt bereits 180 Quadratmeter, und Emekci lässt 3000 aufwendig produzierte Tüten kostenlos verteilen, in denen sich der Katalog und ein Lack befinden. Der Marketing-Gag ist teuer. 80 Cent kostet ihn der Katalog, 60 Cent die Tüte, 80 Cent der Lack. Eine bis zwei Wochen später macht sich die Investition bezahlt: Es treffen Bestellungen der Fachbesucher, also der Betreiber von Nagelstudios, in nicht erwartetem Umfang ein.

In der unternehmerischen Anfangsphase bewegte sich Bülent Emekci in einer reinen Männerwelt – Ultraschallreinigungsgeräte sind technische Produkte, die es immer mehr zu verbessern galt: „Ich hatte zu 95 Prozent mit Männern zu tun, in der Regel Ingenieure, Techniker, Laborleute." Die Nagelbranche war dagegen durch und durch weiblich. „Auf einmal war ich von lauter Frauen umgeben, die hübsch waren und auf ihr gepflegtes Erscheinungsbild großen Wert legten."

Plötzlich achtet der Unternehmer auch auf seine eigenen Hände, schneidet und feilt die Nägel mit Bedacht. Und natürlich macht es ihm mehr Spaß, von jungen Frauen umgeben zu sein als von Männern mittleren Alters. „Die Betreiberinnen und Mitarbeiterinnen der Nagelstudios waren freundliche, glückliche Menschen, die mit meinen Produkten Geld verdienten und über eine neue Trendfarbe oder Strasssteine in echte Begeisterung gerieten."

Als er zum ersten Mal über die Wiesbadener Fachmesse ging, umgeben von 5000 schön zurechtgemachten und enthusiasmierten Frauen, fühlte er sich „wie im Schlaraffenland". Und dass er Produkte anbieten konnte, die die Frauen schöner machten, das bereitete ihm Freude.

Sein Freund Alexander W. Hetjes, Oberbürgermeister in Bad Homburg, erzählt, wie er erst verstehen lernte, welche Bedeutung das Nagelgeschäft besitzt. „emmiNAIL sagte mir nichts." Beiläufig erzählt er seiner Frau, sie ist Flugbegleiterin bei der Lufthansa, von Bülent Emekci. Sie sei völlig von den Socken gewesen, als sie hörte, dass ihr Mann mit dem Entwickler von emmiNAIL befreundet ist. Sie sagte: „Jeder bei uns kennt emmiNAIL. Den musst du mir mal vorstellen." Für Hetjes ist klar: „In der Beautyszene hat er sich europa- und weltweit einen unglaublichen Ruf aufgebaut."

Fassen wir zusammen: Bülent Emekci gerät aus reinem Zufall in die Nagelbranche. Das Engagement beginnt durch die Unzuverlässigkeit eines Kunden. Doch andere Unternehmertypen hätten sich einfach nur geärgert und ansonsten mit den Schultern gezuckt. Emekci aber geht in die Offensive. Er wittert eine Chance und ergreift sie. Man nennt das: Glück des Tüchtigen.

SREPUBLIK DEUTSCHL

KAPITEL 7

Türke und Deutscher

Der Weiße Elefant betritt den Raum / „Wir sitzen zwischen zwei Stühlen" / Migranten als Gründer

Eines Tages, er ist Mitte Zwanzig, fährt Bülent Emekci mit Freunden für ein Wochenende auf einen deutschen Campingplatz. Stolz lenkt er die schwarze Limousine – „alt, aber Mercedes" – in die Einfahrt. Trotz seiner jungen Jahre zahlt ihm ein Finanzdienstleister schon 5000 bis 6000 Euro im Monat. Das Geld für das Auto hat er sich erspart. Offenbar gibt es auf dem Campingplatz Menschen, die anderer Meinung sind. „Das Auto kannst du doch nicht mit normalem Geld verdient haben!", blafft eine ältere Frau den jungen Türken an. Emekci ist erst einmal verblüfft. Offenbar gibt es Leute, die sich nicht vorstellen können, dass ein Ausländer mit ehrlicher Arbeit mehr verdienen kann als ein Deutscher. Sein Freund Hugo Hosefelder erklärt ihm später, was seiner

Ansicht nach von Einwanderern erwartet wird. Er müsse 140 Prozent leisten, damit man ihn respektiere. Bei 100 Prozent Leistung werde man sich in Deutschland immer für den Alteingesessenen entscheiden.

Der Weiße Elefant betritt den Raum. Er heißt „Diskriminierung". Er selbst fühle sich nicht diskriminiert, sagt Emekci. Es klingt fast trotzig. Weil er sich nicht diskriminieren lasse, fügt er hinzu. Der Erfolg gebe ihm das nötige Selbstvertrauen. Ehefrau Annette, die als gebürtige Niederländerin – um Beamtin zu werden – selbst die deutsche Staatsbürgerschaft annehmen musste, relativiert das. Selbst heute nimmt sie noch Zurücksetzungen ihres Mannes wahr. Was ihm als Kind oder Jugendlichem widerfahren sei, habe der junge Bülent zwar nicht bewusst als Ausgrenzung wahrgenommen. Narben hat es im Unterbewusstsein aber hinterlassen. Das verstärke das Bedürfnis, aller Welt zu zeigen, guckt her, was möglich ist (wenn man selbst und ständig arbeitet)! Annette Emekci sieht Deutschland hier auf einem guten Weg. Sie vergleicht die Verhältnisse mit den USA, wo man, „wenn man fleißig und ehrgeizig ist, etwas erreichen kann".

Kleider machen Leute, heute noch: Solange er im Anzug auftritt, ist das Anderssein kein Thema. Wechselt der Geschäftsmann Emekci die Rolle und trägt in der Freizeit Jeans und T-Shirt, wird er im Geschäft anders behandelt. Keiner habe allerdings je zu ihm „Hau ab, du Türke!" gesagt. Das führt Emekci darauf zurück, dass er schon früh sehr viele deutsche Freunde und Bekannte gehabt habe, an denen er sich orientierte. Aber er ist sich darüber im Klaren: Mit dem Namen Emekci würde er als möglicher Mieter einer Wohnung immer hinter den Müllers oder Schulzes zurückstehen. Anhand der Namen seiner Söhne kann er da fast täglich Feldforschung betreiben. Can hat mehr Schwierigkeiten als Deniz. Wegen der Aussprache. Würde Can stattdessen Thomas heißen, hätte er es leichter. Unabhängig vom Vornamen betrachten sich die beiden in Deutschland geborenen Söhne als Deutsche. Seinen eigenen Nachnamen zu ändern, wie das beispielsweise im Einwanderungsland USA gang und gäbe ist, kommt für Emekci nicht in Frage. Der Name ist Teil seiner Identität. Es gebe bei den Türken Werte, die man nicht mit Geld misst. Dazu gehören Ehre und Stolz. „Wir", sagt er, „sind ein stolzes Volk. Ich habe auch zwei Augen, warum bin ich weniger wert als der andere?"

Bülent Emekci ist erst 2008 deutscher Staatsbürger geworden. Dieser Schritt hatte vor allem pragmatische Gründe. Je intensiver seine Geschäftstätigkeit, desto größer die Notwendigkeit des Reisens. Ein türkischer Staatsbürger muss für zahlreiche Länder Visa beantragen, unter anderen für Österreich, Frankreich, die Schweiz, England und die Vereinigten Staaten von Amerika. Das ist so umständlich und zeitraubend, dass der deutsche Pass eine enorme Erleichterung bedeutet.

Emekcis Antrag auf die deutsche Staatsbürgerschaft wird positiv beschieden. Bis er bei der Stadtverwaltung von Mörfelden-Walldorf im Jahr 2008 seinen Eid schwört, muss er aber die Bedingung erfüllen, aus der türkischen Staatsbürgerschaft auszutreten und die Austrittsurkunde bei der deutschen Behörde vorzulegen. Der Abschied von seinem türkischen Pass schmerzt ihn, aber die Freude über den deutschen überwiegt. Endlich ist es vorbei mit den umständlichen Anträgen von Visa. Ironie des Schicksals: Seine erste Auslandsreise führt nach Russland. Und für die Einreise brauchte er damals als Deutscher ein Visum, auf das er als Türke nicht angewiesen gewesen wäre.

Deshalb ist er bis heute nicht gut auf Roland Koch zu sprechen. Im Jahr 1999 steht in Hessen die Landtagswahl an. Ministerpräsident ist der Sozialdemokrat Hans Eichel, er regiert das Bundesland gemeinsam mit den Grünen. Der Herausforderer von der CDU heißt Roland Koch, er will zusammen mit der FDP die Mehrheit erringen.

Koch fehlt ein zündendes Thema für den Wahlkampf. Dann legt die Bundesregierung einen Gesetzentwurf vor, wonach das deutsche Staatsbürgerschaftsrecht geändert werden soll: In Deutschland geborene Kinder ausländischer Eltern würden automatisch die deutsche Staatsbürgerschaft und auf Wunsch die doppelte erhalten. Solche zweifache staatliche Identität war bislang nur in Ausnahmefällen genehmigt worden.

Grund des Vorstoßes der rot-grünen Bundesregierung war nicht die reine Menschenfreundlichkeit, sondern politisches Kalkül: Zu diesem Zeitpunkt 1999 lebten in Deutschland rund 2,5 Millionen Türken, die laut Meinungsumfragen zu etwa 80 Prozent der SPD und den Grünen zuneigten, nur zu einem Fünftel der CDU und der FDP. Die hessische CDU machte die doppelte Staatsbürgerschaft zum Thema. Eine Unterschriftenaktion mit dem Motto „Ja zu Integration – Nein zu doppelter Staatsangehörigkeit“ erregte die Gemüter. Tatsächlich gewannen die Christdemokraten, unterstützt durch die FDP, die knapp den Einzug in den Landtag schaffte, die Wahl. Roland Koch wurde Ministerpräsident, die Christdemokraten regieren seitdem ununterbrochen in Hessen.

Bülent Emekci kann sich über den Vorgang bis auf den heutigen Tag ereifern. „Ich bin noch immer sauer auf Herrn Koch, weil er auf Kosten der Minderheiten/Türken Politik gemacht hat. Wenn ich ihn einmal treffen sollte, dann werde ich ihm sachlich ins Gesicht sagen, dass er auf meine Kosten agiert hat. Sie sollten sich, würde ich sagen, vielleicht bei den Menschen, die damals ihren Pass abgeben mussten, entschuldigen."

Zwei Pässe zu haben, würde der Lebenssituation und dem Lebensgefühl des Bülent Emekci besser gerecht, denn noch immer schlagen zwei Herzen in seiner Brust. Er ist und bleibt halt ein Deutscher mit türkischen Wurzeln. Oder ein Türke mit klarer Assimilierungstendenz. Noch immer ist er pro Jahr fünf bis acht Mal in der Heimat seiner Vorfahren. Noch immer genießt er dort das Essen, die Luft, die Sprache, die Landschaft, das vertraute Heimatgefühl. Doch nach drei, vier Tagen ändert sich das. Die „Deutschtürken" und die einheimische Verwandtschaft, sie sind sich fremd geworden. Man weiß, man gehört zusammen, man kommt zusammen, aber nach zehn Minuten sind die Gesprächsthemen aufgebraucht. Dann verspürt Emekci den Drang, wieder „heim"zufahren, bei seiner Familie zu sein, in seiner Firma, in der vertrauten hessischen Umgebung.

Das erleichtert den Umgang mit der Herkunftsfamilie nicht gerade. Vater und Mutter Emekci leben die Hälfte des Jahres wieder in ihrem Heimatdorf in der Nähe des großen Salzsees Tuz Gölü. Der Vater würde sogar gerne komplett in das moderne Haus mit Wärmepumpe und Aufzug ziehen, das ihnen der Sohn in dem Ort errichtet hat, in dem er selbst geboren wurde. Doch die Mutter schätzt die deutsche Infrastruktur mit Apotheke um die Ecke und dem Krankenhaus in Reichweite. Außerdem sind da ja noch die Enkelkinder ...

„Wir sitzen zwischen zwei Stühlen", beschreibt Bülent Emekci die Situation, in der sich so viele Migranten der ersten und zweiten Generation befinden. Wenn der Vater gewusst hätte, welche Probleme das alles mit sich bringt, wäre er vielleicht nie nach Deutschland ausgewandert, spekuliert er. Die Familie sei auseinandergerissen.

▶ Tuz Gölü

Der Salzsee Tuz Gölü liegt nur eine gute Viertelstunde Fahrtzeit mit dem Auto von Kaçarlı entfernt. Er allein wäre Grund genug, die Region touristisch stärker zu erschließen. Denn der zweitgrößte Salzsee der Türkei färbt sich im Sommer rosarot. Dafür ist eine Alge, die dunaliella salina, verantwortlich. Der hohe Salzgehalt, mit 33 Prozent höher als der des Toten Meeres, und die Kraft der Sonne regt in der Alge die Produktion von Betacarotin an, wodurch sich das Wasser pink färbt. Auch Tausende von Flamingos, die sich zum Teil von der Alge ernähren, nehmen dadurch die Farbe Rosa an. Allerdings ist der See vom Austrocknen bedroht. Wenn es im Sommer heiß und trocken wird, bildet sich eine dicke Salzkruste. Fast Dreiviertel der türkischen Verbraucher würzen ihre Speisen mit dem Salz aus dem Tuz Gölü: 70 Prozent des Salzes in türkischen Restaurants, Supermärkten und heimischen Küchen stammen von den drei Salzabbaufabriken am See. Vor einigen Jahren trocknete das Gewässer komplett aus, und Tausende Wasservögel verendeten. Wie lange also der Salzexport und die kleinen Wellness-Resorts noch existieren werden, ist ungewiss.

Interessante Einblicke, wie sehr sich das Alltagsleben für Migranten, aber auch in Deutschland Geborene verändert hat, gibt Annette Emekci. Bülent Emekcis Ehefrau arbeitet als Grundschullehrerin. Seit sie 1999 begonnen habe, müsse sie viel mehr erzieherisch tätig sein, als nur intellektuell den Stoff zu vermitteln. Die Zahl der verhaltensauffälligen Kinder habe merklich zugenommen. In ihrer Klasse waren Kinder türkischer Eltern oft die Problemfälle. In jüngerer Zeit kämen auch andere Nationalitäten dazu. Als sie anfing, half ihr, dass sie einige Worte Türkisch beherrschte. Heute werde sie von einer Reihe türkischer Jungen nur deshalb akzeptiert, weil die glaubten, sie sei mit einem Türken verheiratet und muslimischen Glaubens. Es gebe aber auch türkischstämmige Eltern, die beklagten sich bei ihr, dass in der Klasse so viele ausländische Kinder säßen.

Je älter man wird, um so drängender stellt sich die Frage nach dem Grab. Die Eltern aus der ersten Generation haben sie schon für sich beantwortet. Sie wollen bei den Vorvätern bestattet sein. In der Türkei. Bülent, der Sohn, empfindet die Frage, als sie ihm selbst gestellt wird, als unfair. Er ringt mit sich. Es gab Zeiten, da wäre er wie selbstverständlich den Eltern gefolgt. Da sammelte er Nachrichten über die Vorfahren, zeichnete akkurat mit dem Lineal eine Stammtafel der Generationen, die in der Türkei gelebt hatten. Jetzt hat Emekci eine deutsche Familie. Er will Halt für seine Kinder sein. Selbst noch als Verstorbener. Wenn sie Sorgen haben, kann er sich vorstellen, dass sich die Söhne mentale Unterstützung am Grab des Vaters holen. So wie er das mit zwei Vertrauten aus seinem Berufsleben macht, deren Gräber er manchmal auf dem Friedhof besucht. Aber niemand werde eines Tages in die Türkei fliegen, um dort auf dem Friedhof an seinem Grab zu stehen. Und eine gemeinsame Begräbnisstätte mit seiner Ehefrau, die Christin ist? Die kann nur in Deutschland liegen. Fern der Heimat der Eltern und deren letzter Ruhestätte. Über die Tradition der eigenen Familie macht sich Emekci keine Illusionen. Seine Enkelkinder würden eines Tages sagen „Oh, mein Opa ist aus der Türkei eingewandert." Und irgendwann, wenn man Glück habe, hänge irgendwo noch ein Bild von einem an der Wand. Als Erinnerung. Das hänge aber maximal ein bis zwei Generationen da. Dann sei es auch damit vorbei.

Im Mai 2023 war Emekci Gast in der Gesprächssendung „3 kluge Köpfe" beim Sender rheinmaintv. Dort drückte er seine Antwort auf die Frage, ob er sich eher als Deutscher oder als Türke fühle, gleichsam mathematisch aus. Er sagte: „Im Herzen bin ich Türke, im Kopf zu 150 Prozent deutsch." Und er wurde sogar noch exakter: „Zu 70 Prozent Deutscher, zu 30 Prozent Türke. Aber meine Söhne, die ja in Deutschland geboren sind und eine deutsche Mutter haben, fühlen sich zu 90 Prozent deutsch." Und manchmal sagt er im Gespräch auch „Wir Deutsche".

▶ Integrationsmonitor 2024

Über den Grad der Integration im Bundesland Hessen gibt ein jährlicher Integrationsmonitor Auskunft. Für das Jahr 2024 hat Sozialministerin Heike Hofmann (SPD) berichtet, dass sich bei der Befragung 54 Prozent der Migrantinnen und Migranten dem Land zugehörig fühlten. Der Bericht zeige aber auch deutliche Defizite bei der Bildung und beim Zugang zum Arbeitsmarkt.

Demnach verfehlen 31 Prozent der Viertklässler mit zwei zugewanderten Elternteilen die Anforderungen im Bereich Deutsch/Lesen. Bei Kindern ohne Migrationshintergrund liegt die Quote bei neun Prozent. Nur ein Fünftel der Jugendlichen mit Migrationshintergrund verlässt die Schule mit dem Abschluss Abitur, bei Schulabgängern mit deutschen Wurzeln sind es 37 Prozent.

Der Weiße Elefant ist nicht verschwunden. Der Deutschtürke Emekci schaut auf die türkische Gemeinde in Deutschland. Warum zum Beispiel hat die AKP, Partei für Gerechtigkeit und Aufschwung des Präsidenten Recep Tayyip Erdoğan, bei Wahlen so viele Anhänger unter den türkischen Wählern in Deutschland? Sie gilt als rechtspopulistisch, neoosmanisch, nationalistisch und neigt zu islamistischen Positionen. Emekci selbst ist alles andere als ein Erdoğan-Anhänger, viele Jahre hat er mit der SPD in Deutschland sympathisiert. Aber der Populist Erdoğan habe den Türken in Deutschland aus deren Sicht wieder ein Rückgrat gegeben. Die Politiker der deutschen Regierungen hätten dabei versagt, diesen Menschen das Gefühl zu geben, dass sie nicht zweitklassig sind. So interpretiert der erfolgreiche Unternehmer die Wahlentscheidung seiner ehemaligen Landsleute. Wer in Deutschland schwarze Haare, braune oder schwarze Augen habe, sei abgestempelt und müsse mehr kämpfen.

Die Türken haben seiner Ansicht nach Anerkennung verdient für das, was sie leisten. Trotz dieser Erfolge vieler Türkinnen und Türken, so empfindet es Emekci, würden sie im deutschen Wirtschaftsleben schlechter behandelt als beispielsweise Rumänen, Bulgaren oder Kroaten, die aus Ländern der Europäischen Union kämen und keine Muslime seien.

Wer sich so zurückgesetzt fühlt, das liegt für Emekci auf der Hand, suche anderswo nach Anerkennung. Ausgerechnet bei der AKP des Manipulators Erdoğan finde er sie.

▶ Türkische Unternehmen

Türkischstämmige Unternehmer beschäftigen in Deutschland ca. 500.000 Mitarbeiter und erwirtschaften einen Jahresumsatz von rund 50 Milliarden Euro. So liest man in offiziellen Berichten über das deutsch-türkische Wirtschaftsleben (https://tinyurl.com/227ldmrc). Das Image des Dönerbudenbesitzers und Gemüsehändlers streifen die zahlreichen Unternehmerinnen und Unternehmer mittlerweile ab. Inzwischen findet sich nur noch knapp die Hälfte der von türkischen Einwanderern in Deutschland gegründeten Unternehmen in der Lebensmittel- und Getränkebranche oder im Einzelhandel. Migranten gründen doppelt so häufig wie die Deutschen neue Unternehmen. Allein zwischen 2020 und 2023 hat etwa jeder fünfte Bürger mit Migrationshintergrund ein eigenes Unternehmen gegründet, bei den Einheimischen lag die Quote bei 8,3 Prozent. Seit 1970 ist der Anteil der Unternehmer unter türkischen Einwanderern von einem auf sieben Prozent gestiegen. Dazu zählen Persönlichkeiten wie Uğur Şahin und Özlem Türeci, die Gründer von Biontech und Entwickler des ersten Impfstoffs gegen das Virus Covid-19 oder der Unternehmer Müfit Tarhan, der mit dem Unternehmen Humintech Produkte der Biotechnologie von Deutschland aus in 70 Länder exportiert. Rukiye Tunç leitet das Logistikunternehmen Tunç Trans, sie hat als erste Frau in Europa die Ausbildung zur Schwerlastkraftfahrerin absolviert. Die Rolle dieser Vorbilder kann nach Ansicht von Experten nicht hoch genug eingeschätzt werden. Nicht alle sind so erfolgreich. Viele Migranten sehen in der Gründung den einzigen Weg, wirtschaftlich erfolgreich und unabhängig zu sein.

KAPITEL 8

Die Revolution zwischen den Zähnen

Was für Ferrari-Motoren gut ist, könnte doch auch bei der Zahnpflege nützlich sein / Eine Zahncreme mit Bläschen / Schließlich half das Internet

Deutschland ist das Land der Erfinder: Aber nirgendwo steht geschrieben, dass sie mit ihren Entdeckungen kurzfristig Erfolg haben. Johannes Gutenberg, der Erfinder des Buchdrucks mit beweglichen Buchstaben, musste sich vor seinen Gläubigern verstecken. Philipp Reis aus Gelnhausen kämpfte Zeit seines Lebens mit dem gebürtigen Schotten Alexander Graham Bell um den Ruhm, das erste Telefon entwickelt zu haben, und der Niedersachse Heinrich Göbel ist in Vergessenheit geraten. Er behauptete, noch vor Thomas Alva Edison das Prinzip der Glühbirne herausgefunden zu haben, hatte aber versäumt, seine Idee zum Patent anzumelden. Uğur Şahin und Özlem Türeci, die Mainzer Entdecker eines höchstwirksamen Impfstoffs gegen das Virus Covid-19, müssen sich den finanziellen Erfolg mit ihrem US-amerikanischen Vertriebspartner Pfizer teilen.

Der Erfinder Bülent Emekci kann sein Temperament nur mühsam zügeln, wenn er auf das Thema Ultraschallzahnbürste zu sprechen kommt. Denn Schall ist nicht gleich Schall, und zwischen elektrischer, Schall- und Ultraschallzahnbürste liegen Welten – Wellenwelten. Sollte es ihm so ergehen wie den Erfindern des mp3-Players, des Faxgerätes oder des Computers – alles Ideen deutscher Tüftler, die anderswo in der Welt zu Milliarden-Erlösen führten? Ausgerechnet der Mann, für den der Ultraschall zum Lebensthema geworden ist, muss bis heute darum kämpfen, dass ihm der materielle Lohn für seinen Ideenreichtum zukommt.

Erfindung und Erfolg seien zweierlei, hat das Zentrum für Europäische Wirtschaftsforschung herausgefunden. Deutschland nimmt in Europa zwar Rang Zwei bei der Zahl der Patentanmeldungen ein, weist den höchsten Anteil forschender Unternehmen auf sowie eine überdurchschnittliche Innovationsintensität und die höchsten Innovationserfolge. Aber oft genug würden deutsche Erfindungen erst in den USA oder Asien zu Millionenerfolgen. So stellt Steven Veldhoen von der Unternehmensberatung Booz Allen Hamilton ernüchternd fest, dass „keine Korrelation zwischen hohen Forschungs- und Entwicklungsausgaben und dem Unternehmenserfolg" existiere. Entscheidend sei, „Innovationsprozesse schnell und effizient" zu managen („In Deutschland erfunden, in Japan gebaut", DER SPIEGEL vom 1.9.2008).

Davon kann Bülent Emekci ein Lied singen. Denn seine Idee, mit Hilfe von Ultraschall die Zähne gründlicher und schonender zu reinigen, setzte sich erst nach vielen Jahren im Markt durch – und er muss bis heute gegen Wettbewerber kämpfen, die es nach seinen Recherchen mit den Begrifflichkeiten nicht so genau nehmen.

▶ Zahnhygiene

Am Anfang standen reine Naturprodukte: In Indien und Arabien nutzten die Menschen Zweige spezieller Bäume, um sich mit diesen Kaustöcken die Zähne zu reinigen. Der chinesische Adel kannte im 15. Jahrhundert schon Stiele aus Bambus, in deren Spitzen Schweineborsten gesteckt wurden. Die groben Schweinestacheln ließen das Zahnfleisch schnell bluten. Daher galt als Durchbruch, was Christoph von Hellwig, der Stadtphysikus von Bad Tennstedt, entwickelte. Der Literat und Mediziner war in dem thüringischen Städtchen als eine Art Amtsarzt angestellt und empfahl 1696 in seiner Zeitschrift „Curieuses und nützliches Frauenzimmer-apotheckggen" die Nutzung von Bürstchen, die mit Pferdehaar bestückt waren. Mit dem Artikel in dieser frühen Ausgabe einer „Apotheken-Rundschau" erreichte der Autor eher Fachpersonal und Frauen aus der besseren Gesellschaft. Erst der Londoner Geschäftsmann William Addis machte mit der Herstellung von Zahnbürsten ab 1780 ein Millionenvermögen. Er nutzte Tierknochen für die Stile, Rinderborsten als Bürstenmaterial und vermarktete dies sehr geschickt. Tierhaare sind innen hohl und boten daher Millionen von Keimen ein ideales Brutfeld. Daher galt die Nutzung von Nylonborsten in den dreißiger Jahren des letzten Jahrhunderts als Durchbruch und führte zu einer industriellen Produktion für jedermann. Das hieß übrigens nicht, dass sich wirklich jeder Deutsche regelmäßig die Zähne putzte. Eine Umfrage ergab noch 1966, dass 45 Prozent nie, sieben Prozent nur ein- bis zweimal pro Woche zur Bürste griffen. Das Auto wurde immerhin alle zwei Wochen gewaschen. Heute putzt die Mehrheit zweimal täglich, jeder vierte Mann und 15 Prozent der Frauen reinigen einmal am Tag.

Bülent Emekcis Motto lautet: genau hinschauen, welche Probleme Menschen haben und dann Mittel ersinnen, sie zu lösen. Im Fall der Ultraschallzahnbürste spürte der Entdecker das Problem buchstäblich am eigenen Leib. Nach besonders gründlichem Putzen der Zähne blutete sein Zahnfleisch. Damit steht er nicht allein. Obwohl die Menschheit nach Zweigen, Schweineborsten und Rosshaar längst Kunststoffmaterial zur Reinigung einsetzt, reagieren viele Menschen immer noch empfindlich auf Druck und Reibung im Mund.

Was für Ferrari-Motoren gut ist und Schmuck säubert, könnte doch auch bei der Zahnpflege helfen, sagte sich Emekci und recherchierte. Zur Reinigung von Zahnprothesen hatte sein Unternehmen schon Geräte entwickelt. Und mit Hilfe von Schallwellen wurde in den USA daran gearbeitet, Plaque, Bakterien und Belag am lebenden Zahn zu entfernen. Manche Zahnärzte verfügten in ihren Praxen über Ultraschallgeber. Aber die eigentliche Weiterentwicklung, die sich das Unternehmen in Mörfelden-Walldorf patentieren ließ, war die individualisierte Ultraschallzahnbürste für jedermann.

▶ Patente von Migranten

Personen mit Einwanderungsgeschichte leisten einen wichtigen Beitrag, die Innovationskraft in Deutschland zu stärken. So zeigen Auswertungen der Patentdatenbank des Instituts der deutschen Wirtschaft Köln e. V. (IW), dass immer mehr Erfindungen durch Personen mit ausländischen Wurzeln zum Patent angemeldet werden. Nach Auskunft der Ökonomen in Köln konnte in einer Studie nachgewiesen werden, dass der Anteil der in Deutschland wohnenden Erfinderinnen und Erfinder mit ausländischen Wurzeln an allen hierzulande entwickelten Patenten bei 13 Prozent liegt, also jeder achte Erfinder eine Person mit Migrationshintergrund ist. Laut dem Leiter der Patentdatenbank, Oliver Koppel, ist die Zahl der Patentanmeldungen der „Goldstandard" bei der Messung von Innovationskraft. Nach Branchen liegt die Informations- und Kommunikationstechnik an erster Stelle, dort bestreiten Erfinder mit ausländischen Wurzeln fast ein Viertel der Patentanmeldungen. Nach den Hochschulen folgt im Ranking gleich die Elektroindustrie. Überhaupt falle auf, heißt es, dass Erfinder mit Migrationshintergrund in allen technisch-naturwissenschaftlichen Branchen Patente anmelden, vom Maschinenbau bis zur Metallindustrie. In der Automobilindustrie stammt jedes dritte Patent von einem Migranten. Aus Sicht des Instituts der Deutschen Wirtschaft ist der steigende Anteil der Patentanmeldungen von Erfindern, die einen Migrationshintergrund haben, ein Beleg für eine zunehmend bessere Bildung der zweiten und dritten Einwanderergeneration. Schließlich habe nur ein kleiner Teil der Bevölkerung die Qualifikation, ein Patent zu entwickeln.

(Quelle: https://www.iwkoeln.de/presse/interviews/71.html).

Drei Jahre experimentierte Emekci mit einem Ingenieurteam unter Leitung seines väterlichen Freundes Hugo Hosefelder, bis das Produkt marktfähig war. Wichtig war ihnen, die Härte der Wellen abzuschwächen, mit denen die erzeugten Bläschen im Mund auf den Zahnbelag trafen. Das Grundprinzip sieht so aus: Eine winzige Keramikscheibe wird mit Hilfe von Transistoren unter Strom gesetzt und beginnt zu vibrieren. Das erzeugt elektromagnetische Schwingungen – sie werden mit der physikalischen Einheit Hertz gemessen. Der Reinigungseffekt tritt erst ein, wenn zusätzlich eine passende Zahncreme eingesetzt wird. Die elektromagnetischen Wellen erzeugen winzige Bläschen, sogenannte Kaviationen, die implodieren. Daraus entsteht ein Sog, der den Belag auf den Zähnen beseitigt und dabei bis zu sieben Millimeter in die Zahnzwischenräume eindringt. Die Kunst besteht darin, die Wellen nicht zu hart auf den Zahn prallen zu lassen. Das wird erreicht, indem die Frequenz der Wellen massiv erhöht wird, Ultraschall wirkt sanfter als Schall.

Emekci wählt ein Bild: Bläschen, die implodieren sollen, um eine Sogwirkung zu entfalten, haben bei 25 khz (25.000 Hertz) die Größe eines Fußballs, bei 1 Mhz (1 Million Hertz) die eines Sandkorns. Im Handgerät von emmi-Dent arbeitet ein Ultraschallgeber, der in der Minute eine Frequenz von bis zu 96 Millionen Ultraschallschwingungen erzeugt. Doch, wie oben erläutert, Erfindung ist nicht gleich Erfolg.

Die erste Herausforderung für den Erfinder: Er wurde nicht verstanden. Der Deutsche erwartet von seiner Zahnbürste zuvorderst die klassischen Bestandteile Stiel, Bürste (mit Borsten!) und, bei elektrischem Antrieb, das Brummen eines Motors. Bis auf den Stiel bot Emekcis Entwicklung nichts von alledem. Da der Ultraschall kontaktlos arbeitet, benötigt er keine Borsten, außerdem wirkt er lautlos, und von der millionenfachen Vibration spürt die menschliche Hand ebenfalls nichts. Das führte zu Irritation und Unmut bei den ersten Kunden. „Die haben uns die Geräte zurückgeschickt, weil sie dachten, das Ding läuft nicht", berichtet Emekci von ersten Erfahrungen mit dem Endverbraucher.

Die Entwickler rüsteten nach: Heute piepen, brummen und blinken die Produkte aus dem Hause emmi-Dent. Beim Design wurde nachgearbeitet. Versteht sich von selbst, dass zur Krönung Borsten auf der Bürste sitzen. Das Gerät ähnelt mit seinen LED-Anzeigen für Akku-Stand und Betriebsbereitschaft der Miniaturausgabe einer Weltraumrakete, der deutsche Technikfreund möchte es so. Das betreute Zähneputzen bietet nach dem Einschalten ein sanftes Brummen und Vibrieren in der Hand. Alle sechs Sekunden fordert ein Piepton zum Positionswechsel in der Mundhöhle auf, von Zahn zu Zahn. Zur Verstärkung dieses Wechselbefehls setzen Brummen und Vibration für den Bruchteil einer Sekunde aus.

▶ Elektrischer Antrieb

In den vierziger Jahren des vergangenen Jahrhunderts produzierten die Amerikaner die erste elektrische Zahnbürste – noch mit Stromkabel. Für den Massenmarkt wurde das Produkt aber erst interessant, als die Herstellungskosten dank industrieller Fertigung gesenkt werden konnten. Die rotierenden Bürstenköpfe haben ihren Siegeszug in die Badezimmer in den sechziger Jahren angetreten. Heute putzen sich 40 Prozent der Deutschen über 14 Jahre mit Hilfe von Elektrik die Zähne. Richtig Schwung kam in den neunziger Jahren zwischen die Zähne, als die ersten

Geräte mit Schall verkauft wurden. Nochmals erweitert wurde dann das Angebot in den 2000er-Jahren durch Ultraschallzahnbürsten, die unter Verwendung einer Spezialzahncreme und mit bis zu 96 Millionen Schwingungen pro Minute kleine implodierende Mikrobläschen bis in die tiefsten Zahnritzen schicken – die patentierte Erfindung von Bülent Emekci.

Was 2004 mit einer Idee begann, benötigte viele Jahre bis zum Erfolg im Markt. Dem Unternehmer Emekci boten Rückschläge und Teilerfolge Lehren und Nachhilfeunterricht während des gesamten Entwicklungsverlaufs. Dabei dachte er, er sei als Vertriebsprofi mit allen Wassern gewaschen. Doch – dieses Bild muss hier erlaubt sein – biss er sich bei der Suche nach Partnern fast die Zähne aus.

Vor 20 Jahren kam der direkte Kanal über das Internet noch nicht in Frage. Die Verkaufsplattform Amazon war erst 1998 in Deutschland gestartet, Googles Markteintritt erfolgte 2001. 2005 gingen weniger als 60 Prozent aller Erwachsenen „online", meist von zu Hause aus. Die Nutzung eines „mobilen Internets" mit Hilfe des Handys galt als Luxus. Schließlich erreichte das erste iPhone erst im November 2007 den deutschen Markt. Also galt es, Verbündete zu finden. Der Weg führte Emekci zuerst zu Philips. Dort sei er belächelt worden, als er sein Patent als Morgengabe in die Partnerschaft einbringen wollte. Die Niederländer hatten sich wenige Jahre zuvor mit dem Kauf eines Unternehmens aus den USA für ein anderes System entschieden. Eines, das allerdings mit wesentlich niedrigeren Schallwellen arbeitete. Die neue Verbindung zu dem kleinen Unternehmen in

Hessen hätte geheißen, ein Millioneninvest in ältere Technologie abzuschreiben. „Außerdem haben die in mir keinen ebenbürtigen Partner gesehen", resümiert Emekci heute. Ähnlich erging es ihm bei Oral B. Die Manager des US-Konzerns Procter & Gamble nahmen sich genau zwei Stunden Zeit – um anschließend abzulehnen. Sie hatten aber offenbar gut zugehört. Denn in der Reklame für ihre Produkte tauchten anschließend Begriffe wie „ultraschnell" und „schallaktiv" auf. Bülent Emekci meint, wenn er die Ultraschalltechnologie nicht auf den Markt gebracht hätte, würden die Mitbewerber heute noch mit ihren „elektrischen" Zahnbürsten werben. Wer sich nicht an die Spielregeln hält, bekommt Post von seinem Anwalt. Sein Exklusivrecht auf den Namen Ultraschall in Verbindung mit der Zahnbürste lässt sich Emekci nicht streitig machen.

Nächste Station: Zahnarztpraxen. Noch immer hoffte der Unternehmer auf Partner, am besten solche, die seine Entwicklung aus medizinischen Gründen zu schätzen wussten. Beim Besuch von Kliniken und Großpraxen trug Emekci eine dicke Studie unterm Arm. Der Zahnmediziner Professor Dr. Dr. Peter Gängler und sein Team hatten drei Studien mit der emmi-Dent gemacht. Sie sollten den Beweis erbringen, dass die Ultraschallmethode erfolgreich Karies entfernt, Bakterien tötet und das Zahnfleisch pflegt und schont. Gänglers Forschungseinrichtung ORMED, Institut für Oralmedizin an der Universität Witten/Herdecke, ist bekannt als Dienstleister in der experimentellen und klinischen Zahnmedizin mit den Schwerpunkten Mundhygiene, Robotersimulation des Zähneputzens und medizinische Plaquekontrolle. Es kam zu dem Schluss, dass die ehrgeizigen Ziele mit der emmi-Dent-Bürste erreicht würden. Später schob Emekcis Unternehmen eine Untersuchung der Johann Wolfgang Goethe-Universität nach, die belegte, dass die speziell entwickelte Zahncreme tatsächlich winzige Bläschen enthält. Der Mitbewerber Oral B hatte dies bezweifelt und emmi-Dent verklagt.

Doch die Ärzte wehrten ab. Der Endpreis von 189 Euro für den Weiterverkauf sei ihnen zu hoch, so lautete die meistgenannte Begründung. In Emekcis Ohren klang das wie Hohn. Nach Wurzelbehandlungen, für die teils fünfstellige Honorarsummen aufgerufen würden, werde der Patient nach Haus geschickt mit den Worten: 14 Tage die Zähne nicht putzen. Dabei wäre in diesem Fall die Ultraschallzahnbürste die Lösung. Seine Vermutung: Die einen hätten sein System der schonenden Zahnpflege nicht verstanden, die anderen hätten darin eine Konkurrenz zu eigenen stationären Geräten in der Klinik gesehen.

Die Discounter standen als nächstes auf der Besuchsliste des Vertriebsprofis. Doch die Einkäufer von Aldi und Lidl nannten Verkaufspreise für Emekcis Erfindung, an denen er selbst nichts mehr verdient hätte. Ein kurzer Flirt mit dem inzwischen stationär nicht mehr vertretenen Händler Conrad Electronic führte zum mageren Absatz von knapp 3000 Bürsten.

Irgendwann habe es Klick gemacht, und er habe sich an seine Zeit bei Versicherungen und Vermögensdienstleistern erinnert, beschreibt Emekci seine Gedankenspiele. Er verabschiedete sich von der Idee der Zwischenhändler und sattelte um auf Network-Marketing, orientiert an der Vorgehensweise von Tupperware und Vorwerk Elektro. Das ist gut erzählt, aber nicht schnell erledigt. Diese Form des Verkaufs, auch Strukturvertrieb genannt, arbeitet mit Hunderten von freien Mitarbeitern, die für jeden Verkauf eine Provision einstreichen. Mit Hilfe eines Vertriebsfachmanns heuerte Emekcis Firma rund tausend Interessenten an, die seine Bürstensysteme zu einem Rabatt von damals 50 Prozent erwarben und weiterverkauften. Nach den Umsatzzahlen klangen die Ergebnisse wie ein Erfolg: In den ersten drei Jahren entwickelte sich die Sparte emmi-Dent von rund 40.000 Euro im Jahr auf fünf Millionen Euro. Doch mit diesem Geschäftsmodell hätte sich das Unternehmen beinahe totgesiegt. Aufgrund der hohen Marge für die freien Mitarbeiter musste die Muttergesellschaft EMAG AG ein jährliches Minus von 400.000 Euro in der Sparte emmi-Dent ausgleichen.

Wir nähern uns einmal mehr einer Wegscheide. Der Aufsichtsrat empfahl, die Zahnsparte zu verkaufen, Bülent solle aufhören, in dieses Verlustgeschäft Geld zu stecken, hieß es. Aber die Entscheidung fiel anders aus. „Er ist mutig, innovativ, er geht halt immer nach vorne." Alexandra Kraft kennt Bülent Emekci seit der Schulzeit, als der junge Bülent die Parallelklasse besuchte. Heute ist sie als seine Steuerberaterin eine seiner ältesten Beraterinnen. In dieser Eigenschaft habe sie die Risikofreude ihres Mandanten oft genug bremsen müssen. Aber auf der anderen Seite sei gerade seine Risikofreude ein Teil seines Erfolgsrezepts.

Wie im Fall der Ultraschallzahnbürste. Emekci machte nicht nur weiter, er expandierte. Gründete die Vertriebsfirma emmi-Ultrasonic, ließ aber die Herstellung bei der EMAG AG, die heute emmi EMAG AG heißt. Mit seinem Vertriebspartner Dirk Ulaszewski trieb Emekci die Ultraschallwelle bis nach Ungarn, Österreich, Spanien, Italien und Frankreich. Die Verkäufer-Marge wurde gesenkt, das Marketingkonzept verändert. „Ihr poliert doch euer Auto auch nicht mit einer Drahtbürste", lautete die offensivere Ansprache bei männlichen Kunden. Mit der herkömmlichen Reinigungsmethode schrubbe man jeden Tag ein bisschen mehr vom kostbaren Zahnschmelz weg. Im Ausland zahlte der emmi-Dent-Gründer Lehrgeld. In den südlichen Ländern galt eine Mehrwertsteuer von 26 Prozent, die Differenz habe er aus seiner eigenen Tasche ausgeglichen.

Schließlich half doch das Internet, um Endkunden direkt ansprechen zu können. Die rasante digitale Entwicklung machte es möglich, dass Käufer per Fingertip oder Mausklick ihre Kaufentscheidung in die Tat umsetzen. Das Verkaufsnetz existiert zwar noch mit Margen von 20 bis 30 Prozent für die Mitarbeiter, aber der Löwenanteil des Absatzes läuft direkt über die allbekannten Plattformen Amazon, Instagram und Google. Dort setzt Emekci inzwischen rund 80 Prozent der Ultraschallzahnbürsten ab. Den Erfolg trüben die aus seiner Sicht enorm hohen Kosten für Werbung und Suchmaschinenoptimierung. Rund 150.000 Euro gibt er pro Monat dafür aus. Mit diesen Summen erkauft sich sein Unternehmen bei Google eine Platzierung unter den Top 10, wenn suchende Käufer den Begriff „Ultraschallzahnbürste" eingeben. Dafür verlangt Google 90 Cent pro Erfolgsklick.

Das Online-Kaufhaus Amazon kassiert 32 Prozent vom Verkaufspreis, damit die Firma emmi-Dent bildlich gesehen ihre Zahnbürste ins virtuelle Regal legen darf. Wer in einem solch umkämpften Markt bestehen will, darf nicht nur Gutes tun, er muss auch darüber reden. Emekci bedient sich einer professionellen Agentur, die Pressearbeit für ihn erledigt und beispielsweise die Ergebnisse der medizinischen Studien veröffentlicht, vor allem in verständliches Deutsch übersetzt.

Und was bleibt in der Kasse bei solchen Ausgaben? Für das Einsteigermodell zahlt man 119 Euro. Für die Herstellungskosten nennt Emekci einen Betrag von 40 Euro. Ihm blieben hier rund 30 Euro Gewinn pro Bürste, wenn man vorher Ausgaben für Recycling und die üblichen Betriebskosten der Verwaltung der emmi EMAG AG abzieht.

Der beinharte Wettbewerb zwingt die kleine hessische Ideenschmiede dazu, die Kunden mit immer neuen Gimmicks zu faszinieren. Vor allem auf dem chinesischen Markt, den Emekci neuerdings im Blick hat, sind zwei Eigenschaften überlebenswichtig: Ideenreichtum und Geschwindigkeit. „Es dauert manchmal weniger als ein Jahr, und die Produkte sind kopiert." Man wird den Eindruck nicht los, dass diese Bedingungen auf den Ingenieur und Erfinder aus Mörfelden-Walldorf zugeschnitten sind. Wie kommt beispielsweise jemand darauf, seine Zahnbürste zur Mundkamera umzurüsten? Und wie wird daraus ein marktreifes Produkt? Auch hier stand am Anfang ein Problem, das zu lösen war. Allerdings nicht wie sonst in Bülent Emekcis Umgebung, sondern bei ihm selbst. Und das Problem tat weh: In einer Zahnfleischtasche zwischen den Zähnen hatte sich ein winziger plattgedrückter Peperoni-Kern verkantet. Das tat beim Zubeißen weh, zu erkennen war mit bloßem Auge aber nichts. Selbst der Dentalspiegel, der bei dem gewissenhaften Dentalhygieniker im Badezimmer nicht fehlen darf, brachte keine Erkenntnis. Schließlich kann dieser Spiegel nur einer zweiten Person beim Blick in den Mund Einblicke geben.

„Es muss ausgesehen haben, als wollte ich mein Handy aufessen." So schildert der Kern-Geschädigte die folgende Szene. In seiner Verzweiflung öffnete er die Kamerafunktion seines Mobiltelefons und schob sich das Gerät mit der Linse voran zwischen die Zähne. Mit Mühe konnte er noch den Auslöser drücken, um Sekunden später ein verschwommenes und verwackeltes Foto seiner Mundhöhle vor sich zu haben. Nach einigen Versuchen war zumindest der Tatort lokalisiert und eine leichte Verfärbung des Zahnfleisches verriet, dass dort etwas nicht in Ordnung war. Ende der Expedition in das Mundreich: Mit einem Zahnstocher konnte der Übeltäter verhaftet und beseitigt werden.

„In meinem Gehirn fängt es dann zu rattern an", gibt Emekci einen Einblick in seine Denkfabrik. Die Menschen putzen ihre Zähne in der Regel blind und auf Verdacht. Wie wäre es, wenn sie genau wüssten, wo es viel Verunreinigung gibt, warum etwas schmerzt und wie man den Zahnarzt schon beim Betreten der Praxis konkret auf eine Baustelle im Mund hinweisen kann? Immer auf der Suche nach einem griffigen Slogan formuliert er: „Schrubbe nicht blind, putz wie ein Profi."

Die Grundidee ist schnell geboren. Der Griff der Ultraschallzahnbürste enthält mit einem Akku die Energie, die man für den Betrieb der Kamera benötigt. Warum nicht für das Chassis der Bürste einen Aufsatz entwickeln, den man mit einem Griff einfach gegen das Bürstenmodul austauschen kann. Er begann zu recherchieren. Im Internet fand sich derlei Angebot nicht, zu sehen waren lediglich professionelle Kamerasysteme für Zahnarztpraxen, die mit einem Kabel an den Computer und an eine Energiequelle angeschlossen werden. Aber Mini-Kameras, mit denen man beispielsweise das Innenleben seines Ohres durchleuchten und durchforsten kann, die fanden sich zuhauf.

„Ich habe mich hingesetzt und die Überlegung auf Papier gebracht." Die Skizze reichte Emekci seinen Technikern weiter, Elektrotechniker, die vor allem nach einem geeigneten Kameramodell suchten – mit Erfolg. Die kleinen Geräte liefert jetzt ein Großhändler. Sie dienten ursprünglich dem Einsatz in der Sicherheitsbranche, also eine Spycam für den Mund. Ein Dienstleister stellte im 3D-Druck den nötigen Prototypen her.

Aber wie kommt das Bild zum Betrachter? Hier kam wieder das Handy ins Spiel. Der Bürstengriff musste ein wenig umgerüstet werden, damit ein Bluetooth-Chip und die benötigte Elektronik Platz fanden. Parallel gab emmi-Dent bei einem App-Entwickler eine neue Applikation für das Handy in Auftrag. Wer sich die emmi-App auf das Mobiltelefon lädt und anschließend seine Kamera-Zahnbürste mit Hilfe der Bluetooth-Technik verbindet, hat freie Sicht auf die eigenen Zähne.

Nicht nur das: Funktionen sind integriert, die das Kamerabild drehen, damit die Fotos nicht spiegelverkehrt gezeigt werden. Zwar kann man keinen Spielfilm drehen, aber ein Video ist möglich. Schließlich kann der Patient für seinen Zahnarzt in der App ein Album mit Bildern anlegen, die die Zahnbaustelle aus verschiedenen Winkeln zeigt. Wohin die Reise gehen soll, verrät die Sprachauswahl: Deutsch, Englisch und Chinesisch. Denn ein Ziel ist, den chinesischen Markt mit dieser Innovation zu überraschen. Dieser Markt sei riesig, weiß Emekci, aber er birgt auch die genannten Gefahren.

Die emmi-Cam entsteht schließlich auch in Asien. Dort sitzen die Hersteller, die zuerst ein Muster des gewünschten Produkts aus Europa erhalten, in dem bereits Chip und Platine stecken. Beigefügt sind die Anweisungen nebst Skizzen, was gebraucht wird. Aus China kam das ersehnte Muster der Produktionsfirma zurück. „Das ging so lange hin und her, bis wir zufrieden mit der Lösung waren."

Allerdings hatte ausgerechnet Emekci selbst unter seiner Erfindung zu leiden. „Ich habe mit Hilfe der Kamera die Innenseite meiner unteren Zahnreihe angeschaut und war entsetzt. Da waren Kaffee- und Rotweinflecken auf dem Zahn zu sehen. Ausgerechnet ich, dachte ich, der Ultraschallreinigungsexperte hat solche Zähne!" Da hilft eindeutig noch besseres Hinschauen! Den guten Blick erleichtert übrigens eine kleine Lampe, die in die Kamera integriert ist. Fortan wird also Emekci noch gezielter mit der Ultraschallzahnbürste zu Werke gehen. Ein Nebeneffekt, den wohl andere Nutzer ebenfalls erleben werden. Im Weihnachtsgeschäft 2024 war die emmi-Cam schon auf dem Markt.

Was aber heißt in diesem Fall Markt? Die emmi-Dent-Sparte setzt in Deutschland vor allem auf das Internet und die bewährten Verkaufsplattformen. In China scheut das Unternehmen die Partnerschaft mit den großen Playern Temu oder Alibaba. Diese Anbieter stellten eine Gefahr für die europäischen Händler dar. Bei Amazon könne man wenigstens in einem eigenen Shop seine Waren anbieten. Das verweigert die chinesische Konkurrenz. Das sei der Todesstoß für alle übrigen Händler. Hier geht Emekci lieber einen anderen Weg; er kennt seit Jahren ausgewählte Händler, die seine Produkte exklusiv online verkaufen.

KAPITEL 9

Die Ultraschallzahnbürste für den besten Freund

Das Tier war der Liebling der Familie / Sein unerwarteter Tod / Die Geburtsstunde von emmi-Pet

Ich brauche keinen Therapeuten, ich habe einen Hund. Sprüche über die Beziehung des Menschen zu seinem besten tierischen Freund gibt es fast so viele wie Hunderassen (Mischlinge mitgezählt). Die Vierbeiner gelten als treu, mitfühlend und genügsam. Damit wären wir schon bei der Unart der Menschen, ihre eigenen Charaktereigenschaften dem Tier überzustülpen. Wenn es dabei doch bliebe. Aber mittlerweile gibt es Speise-Eis für Hunde (mit Sorten wie Rindfleisch, Hühnchenleber und Wildlachs). Das Tier wird auch beim Geschmack buchstäblich vermenschlicht.

Darüber kann man sich lustig machen, doch in vielen Familien ist der Vierbeiner anerkanntes Mitglied. Und bei aller Kritik: Für alleinstehende ältere Menschen sind „Waldi“ oder „Fiffi“ oft der einzige lebende (Gesprächs)Partner im Haushalt. Ein sozialer Faktor.

Bülent Emekci hat Angst vor Hunden. Die rührt von seinen ersten Begegnungen mit den für ihn riesenhaften türkischen Schäferhunden, die für die Bewachung der Herden auch gegen Wölfe im Einsatz waren. Doch gemäß seiner Devise „du musst der Angst begegnen“ lässt er sich die Hundescheu nicht anmerken, im Gegenteil, er geht schon mal auf ein Tier zu. Zumal im Freundeskreis Hunde gehalten werden.

Damit beginnt die Geschichte seiner nächsten Produktentwicklung. Bei einem schon etwas älteren Hund von Freunden hatte der Tierarzt Zahnstein entdeckt. Der Belag hatte sich so stark entwickelt, dass er entfernt werden musste. Schließlich ist bekannt, dass bei starker Zahnsteinentwicklung Entzündungen des Zahnfleischs, Abszesse, ja sogar Paradontose möglich sind. Das Tier war der Liebling der Familie – und starb bei der Operation in der Tierarztpraxis. Es wachte nach der Narkose nicht mehr auf. Einen Tag vor dem sechsten Geburtstag der Tochter der Familie. „Ich kam an dem Abend dort zu Besuch und habe das ganze Elend miterlebt. Die Kleine hat bitterlich geweint“, erzählt Emekci.

Nun hatte er wieder ein Thema, ein Problem zu lösen. Er recherchierte, wie gefährlich die Sedierung für Tiere sein kann. Aber ohne eine Betäubung des Tieres schien die intensive Beseitigung von Zahnstein nicht möglich. Zwar wird das Mortalitätsrisiko bei sedierten Hunden unter einer OP mit „nur“ 0,05 Prozent (ein Tier von 2000) angegeben. Doch das tröstet erstens keinen Hundebesitzer, der sein Tier verliert, und zweitens gilt dieses Zahlenverhältnis nur für normale Tiere. Als Risiko nennen die Fachleute beispielsweise schon ein Alter ab acht Jahren. Wie beim Menschen sind Herz-Kreislauf-Erkrankungen und Fettleibigkeit Gefahrenpotenziale. Wer einmal einem Mops beim Laufen zugesehen hat, weiß zudem, was mit dem Begriff Kurzatmigkeit gemeint ist. Ganz zu schweigen davon, dass der Stress in der Praxis dem Tier zusetzt. Das Internet ist voller guter Tipps, wie man seinen Fellgefährten auf eine Narkose vorbereitet. Umgekehrt bedeute, so liest man dort, die Entfernung von Zahnstein ohne Narkose eine unnötige Qual für das Tier.

Kurz und gut, es galt einen Weg zu finden, wie Plaque, Belag durch Bakterien, Futterreste und Pilz schonend regelmäßig aus dem Hundemaul entfernt werden können. Zumal dieses Phänomen weit verbreitet ist und besonders häufig die Eck-, Reiß- und Backenzähne befällt, gerne auch das Zahnfleisch angreift. Übrigens, genug Angriffsfläche ist da: Hunde haben in der Regel 42 Zähne, 20 im Oberkiefer und 22 im Unterkiefer. Das sind zehn Beißer mehr als beim Menschen. Was sich vordergründig nach einem kosmetischen Eingriff anhört, kann bei Nichtbehandlung schwere gesundheitliche Folgen haben. Die Erreger im Hundemaul können durch Entzündungen zu Zahnausfall führen. Infekte im Kieferknochen haben schon Organe wie Herz, Leber und Nieren geschädigt.

Der Elektrotechniker Emekci hatte in seinem Berufsleben schon so manche Herausforderung mit seiner Allzweckwaffe bewältigt. Warum sollte nicht helfen, was schon Ferrarimotoren gereinigt, Fingernägel gehärtet und Menschenzähne von Belag befreit hatte? Sein Team begann zu experimentieren. Die Ultraschalltechnologie konnte nicht eins zu eins vom

Menschen auf das Tier übertragen werden. Die Bestandteile waren allerdings die Gleichen: Schallgeber, Bürste, Zahnpasta. Die Wellenfrequenz musste den Hunden angepasst werden. Als Testtiere dienten Schäferhund, Collie und Chiwawa bei befreundeten Familien. „Ich wurde noch nie gebissen, man muss respektvoll herangehen", berichtet Emekci stolz. Es mussten bekannte Hunde sein, die den Menschen Vertrauen entgegenbrachten, ohne Maulkorb selbstverständlich. Der Ultraschall wurde oft erst nach dem fünften oder sechsten Mal mit unterschiedlichen Bürstenaufsätzen akzeptiert. Zuckte der Hund mit dem Kopf zurück, wurde das Experiment neu angesetzt, bis das Tier den Eingriff akzeptierte. Dabei half, dass die Bürste nicht unter Druck auf das Gebiss gesetzt werden muss, sondern es genügt, sie sanft über die Zahnreihen zu führen.

Zwei Jahre dauerte es, bis „emmi-Pet" als marktreif bewertet wurde. Ein wichtiger Meilenstein war, die richtige Zusammensetzung der Zahnpasta zu kreieren. Sie enthält geschmacklich eine leichte Hähnchennote, für uns Menschen sicherlich eine ungewöhnliche Mischung, für den Hund einfach nur lecker. Im Reinigungsbetrieb erfüllt die Paste den gleichen Zweck wie beim Menschengebiss. Sie enthält die Substanz, die bei der Beschallung Bläschen bildet; sie implodieren und lösen dabei den Belag schonend von Zahn und Zahnfleisch. Er kann anschließend einfach mit einem Holzstäbchen oder mit dem Fingernagel aus dem Maul entfernt werden.

Abermals erlebte der Erfinder und Entwickler, was so vielen Daniel Düsentriebs widerfährt: Was gut ist, entscheidet der Markt. Eine wichtige Ratgeberin Emekcis, seine Steuerberaterin Alexandra Kraft, ärgert sich heute noch, dass sie damals nicht eine Gewinnbeteiligung gefordert hat. Sonst ist die Finanzexpertin eher zurückhaltend, was die Bewertung der Wagnisse ihres Klienten angeht. Aber bei emmi-Pet war sie sich sicher: „Das geht durch die Decke. Die Menschen geben ja mehr für ihre Haustiere aus als für ihre Kinder." Kraft, selbst Hundebesitzerin, riet dazu, mehr für das neue Produkt zu werben.

▶ Hunde als Haustiere

In deutschen Haushalten leben 10,5 Millionen Hunde. Sie stellen nach den 15,7 Millionen Katzen die zweitgrößte Gruppe der Heimtiere. Jeder fünfte Haushalt in Deutschland hat als Mitglied einen Hund, etwas weniger als die Hälfte der Tiere sind übrigens Mischlinge. Zwei Drittel aller Familien halten sich ein Haustier (Hund, Katze, Maus), jeder dritte Single nennt einen gefiederten oder vierbeinigen Freund sein Eigen. Die Tierliebe ist zugleich ein großes Geschäft. Das Unternehmen Fressnapf, Deutschlands erfolgreichster Händler für Tierbedarf, meldete 2024 in 13 Ländern 2600 Märkte, die entweder selbst oder als Franchise betrieben werden. Mit mehr als 20.000 Mitarbeitern erwirtschaftete der Händler mehr als vier Milliarden Euro Umsatz.

Der bewährte Absatzmarkt Internet zog im ersten Anlauf nicht recht. Es begann eine Odyssee zu Hundevereinen, Züchtern, Tierärzten. Aus seiner Enttäuschung über letztere macht Emekci kein Geheimnis. „Als die Ärzte feststellten, dass wir denen Arbeit abnehmen, haben die nicht mehr mitgemacht. Die halfen uns nicht. Das war eine falsche Linie." Dabei heißt es auf der Homepage der EMAG AG, die für emmi-Pet wirbt, ausdrücklich: „Bitte berücksichtige, es ersetzt nicht den Tierarztbesuch und wir empfehlen regelmäßig die Zähne des Hundes professionell checken zu lassen."

Zugleich rechnen die emmi-Pet-Verkäufer ihren Kunden vor, dass dem Hund in vielen Fällen nicht nur die lästige Narkose erspart werden könne, sondern dass der Erwerb der Ultraschallbürste Kosten spart. Serviceseiten für Verbraucher rechnen mit Ausgaben von 200 bis – in seltenen Einzelfällen – 1000 Euro für eine Zahnsteinentfernung beim Tierarzt. Das schließt die Ausgaben für Medikamente und etwaige Nachbehandlungen ein. Das Reinigungsset von Emekci kostet ungefähr 140 Euro.

Mittlerweile gehören vor allem Hundezüchter und Hundefriseure, die sogenannten Groomer, zu den wichtigsten Kunden. Auch der eine oder andere Markt für Tierbedarf interessiert sich für das Produkt, die Großen der Branche schrecken noch vor dem aus ihrer Sicht relativ hohen Preis zurück, berichtet Bülent Emekci.

Für seine Familie, Bülents jüngerer Bruder Cüneyt betreut die Tiersparte, bedeutet die Ultraschallzahnbürste für Hunde den Eintritt in einen hochinteressanten Expansionsmarkt. Staubsauger für Tierhaare, Kissen, Fellsprays, Spielzeug bilden eine neue Produktfamilie. In ein paar Jahren könne sich dieses Segment genauso stark entwickeln wie EMMI-Dent, spekuliert der Chef. Zumal zusätzlich zum Internet Social-Media-Plattformen wie Instagram und Facebook als Absatzkanäle hinzugekommen sind. Dazu hat der Einsatz von Influencern beigetragen, die die Produkte vom Hersteller gratis erhalten und bewerten.

Solch ein umkämpfter Markt will sorgfältig analysiert sein. Im August 2024 ist Bülent Emekci mit einem seiner Söhne nach Shanghai gereist. Die mit fast 25 Millionen Einwohnern größte Stadt Chinas bietet weitere Superlative. Unter anderem lädt das internationale Messezentrum alljährlich zur „Pet Fair Asia" ein, das mit 2500 Ausstellern, 124.000 Fachbesuchern und 380.000 Besuchern größte Branchentreffen der Welt. „Da haben wir gesehen, wo der Markt hingeht. Er ist sehr schnelllebig, vor allem, was tägliche Tiernahrung angeht."

Aus dem Staunen kamen die Emekcis nicht mehr heraus, als sie die Produkte des wachsenden Zubehör-Marktes und vor allem der Tierhygiene und -medizin entdeckten. Auf dem Konferenztisch in Mörfelden-Walldorf türmten sich die Pröbchen und Muster, Ergebnis der eingehenden Recherche auf 300.000 Quadratmeter Ausstellungsfläche im Fernen Osten. Da fand man einen Stift, mit dessen Hilfe die Hundezähne geweißelt werden sollten – Bleechen jetzt auch für den besten Freund des Menschen, elegante Täschchen für die Kotbeutel oder strassbesetzte Leinen.

In der Branche hat man eine „Premiumisierung" festgestellt und eine massive Diversifizierung. Da will das Familienunternehmen aus Hessen mitmischen. Das Segment Pflege, Hygiene und Tiermedizin kennt man schon aufgrund der Hunde-Zahnbürste. „Das passt zu uns." Es gibt ein Shampoo (biologisch abbaubar und ohne Allergene oder Reizstoffe). Im Musterregal finden sich deshalb auch Dental-Sticks für die Maulpflege. Zur Zahnpflege zählen Handschuhe, um die Zähne zu reinigen, Mundsprays und auch einfache manuelle

Zahnbürsten. Hundebetten, Halsbänder und Leinen sind nur zusätzliche Produkte, die das Angebot abrunden.

Besonderes Augenmerk legt die Firma auf die Groomer, die Hundefriseure. Ihnen soll ein professionelles Rundum-sorglos-Paket offeriert werden: von der Hebebühne für das schwere Tier über das Bio-Shampoo bis zur Spezialschere und einem Bürstenset. Dafür plant das Unternehmen eine Million Euro Invest für diese Offensive. Abgerundet wird das Konzept durch ein System aus Trainern, die den Groomern neue Methoden und den Umgang mit den emmi-Pet-Produkten beibringen. Einen Hundefriseur muss man sich ein bisschen wie den Barbier der Vergangenheit vorstellen. Von der Nagelpflege über die Zahnreinigung bis zur Desinfektion gehören viele Schritte zu diesem noch recht neuen Handwerk. Dementsprechend sind die Preise zwischen 50 und 100 Euro pro Besuch nicht mit dem Haarschnitt von Frauchen oder Herrchen zu vergleichen. Und das Equipment wird reichhaltiger und anspruchsvoller. Kein Wunder, dass Branchenriesen wie Fressnapf versuchen, über das reine Angebot von Waren hinaus, den Tierbesitzern Dienstleistungen wie das Grooming anzubieten oder zu vermitteln.

Den Emekcis ist der Trend zur besseren Ausstattung in der Tierpflege nicht entgangen. Auf dem Gabentisch könnte zu Weihnachten beispielsweise ein komplettes Bürsten- und Kammset liegen. Bülent Emekci hat solch ein Muster mit edlen Holzgriffen und unterschiedlichen Borsten anfertigen lassen.

Nicht ohne Stolz erzählt der Firmengründer, dass er vor einiger Zeit hohen Besuch aus Berlin in der Zentrale zu Gast hatte. Der Botschafter der türkischen Republik schaute vorbei. Aus der Stippvisite wurde ein regelrechter Diplomatenverkehr. Der Handelsattaché, auch der Generalkonsul in Frankfurt wurden vorstellig. Und immer ging es um den Hund. Nicht um einen speziellen, sondern um ein wichtiges neues Wirtschaftskapitel. Bisher, so hat Emekci erfahren, gibt es in Deutschland so gut wie kein Tierfutter „made in Turkey". Das ist für ihn die Ironie an der Geschichte: „Die Deutschen schwärmen für türkisches Essen, kaufen Döner und Börek, aber für ihre Hunde scheuen sie Produkte vom Bosporus."

Der Name Emekci ist offenbar in der Türkei (noch) bekannt. In türkischen Medien kann man zahlreiche Berichte über den türkischstämmigen Selfmademan lesen, der es in der neuen Heimat zu etwas gebracht hat. Dass Emekci immer noch häufig in die Türkei reist, ist ebenfalls nicht verborgen geblieben. „Man vermutet offenbar, dass ich bei Tiernahrung gute Kenntnisse des deutschen Marktes habe." Die Idee: emmi-Pet könnte als Importeur türkischer Tiernahrung den Türöffner in Mitteleuropa spielen. Immerhin machen die türkischen Hersteller bereits 200 Millionen Euro Umsatz, ihr Export geht aber vor allem in die USA und nach Asien.

Emekci stellt sich vor, dass die orientalische Herkunft des Futters ein besonderer Markenkern werden könnte. Er könne sich durchaus Futter mit Dönergeschmack, mit Lamm und mit Hühnchen vorstellen, traditionelle Bestandteile der türkischen Küche.

Erste Kontakte zu Herstellern gab es bereits bei einer weiteren Haustiermesse im vergangenen Jahr in Istanbul, der PetZoo Eurasia. Anders als es sonst schon mal seine

Strategie ist, hielt sich der mögliche Importeur zurück. Schließlich seien Dritte auf ihn zugekommen. Mit wem man schließlich handelseinig werden wird, werde sich zeigen, wenn die türkischen Produzenten ihre Angebote auf den Tisch gelegt hätten.

Auf jeden Fall ist Emekcis Unternehmen buchstäblich auf den Geschmack gekommen. Denn nun wird zusätzlich auch mit deutschen Herstellern darüber verhandelt, für sich Futter, vor allem Snacks produzieren zu lassen und in eigens angefertigten Packungen der Marke emmi-Pet zu verkaufen. „Das Wichtigste ist, dass es zu unserem Profil einer gesunden Versorgung der Tiere passt."

Ob das so weit führt wie bei einem Anbieter aus Ostfriesland, kann sich Emekci zurzeit noch nicht vorstellen. Von dort kommen die ersten Nassfutterdosen auf Sojabasis. Veganes Futter für den Hund. Schmeckt auch dem Herrchen.

KAPITEL 10

„Liebe zum Unternehmen lässt sich nicht erzwingen“

Das Persönliche spielt noch eine große Rolle / „Gib dem Menschen die Hand, berühre aber sein Herz!“ / Die Zahlen müssen stimmen

Dieses Eingeständnis ist noch recht jung: „Ich kenne nicht mehr alle Mitarbeiter mit Namen.“ Anerkennend könnte man sagen, so weit musst du erst mal kommen, dass dein Unternehmen so stark gewachsen ist. Aber für jemanden, der sehr viel Wert auf persönliche Kontakte mit der Belegschaft legt, der bewusst von einem Familienunternehmen spricht, steht dieser Umstand für einen gewaltigen nächsten Schritt. Aber der Chef von mehr als 100 Arbeitern und Angestellten gibt sich noch nicht geschlagen: Als Gedächtnisstütze bei der Namensfindung dienen ihm Eselsbrücken.

Bevor er sich ein- bis zweimal im Jahr mit jedem zusammensetzt, hat er sich vorbereitet. Dennoch ist Bülent Emekci trotz der vielen Verpflichtungen ein spontaner Mensch geblieben. Nicht alle Mitarbeitergespräche müssen klassisch nach Zeitplan und Excel-Liste abgearbeitet werden. Manchmal ergibt sich der Austausch in einer bestimmten Situation; jemand lächelt nicht, schaut traurig vor sich hin. In solchen Momenten bewährt sich, dass der Chef zwar separat sitzt, aber auf der gleichen Etage, nur durch eine Glaswand vom Großraumbüro getrennt, in dem viele Kolleginnen und Kollegen an ihren Bildschirmen beschäftigt sind. „Wie kann ich dir helfen, kann ich dir helfen?" Mit diesen beiden Fragen will er signalisieren, dass ihm das Schicksal der Leute nicht egal ist.

In einem Familienunternehmen spielt das Persönliche noch eine große Rolle. Man beißt die Zähne zusammen und versucht Krisen zu überstehen, ohne Mitarbeiter zu entlassen. Betriebsbedingt habe er noch niemandem gekündigt, sagt Emekci. Und Krisen gab es. Denn gerade die neuen Produkte wie zum Beispiel die Ultraschallzahnbürste mussten erst einmal im Markt etabliert werden. Beim Geschäft mit Nagelhärtern half, wie er erzählt, vor allem der Schub durch private Abnehmer in der Coronazeit.

Worüber redet der Chef mit seinen Leuten? Und worüber nicht? Bei familiären Schwierigkeiten könne er nicht helfen. Aber zuhören kann er. Die Hälfte der Mitarbeiter öffnet sich. Einer habe gemeint, seine Angelegenheiten gingen den Boss nichts an. „Das hat mir einen Schlag gegeben." Mit so jemandem möchte er eigentlich nicht zusammenarbeiten, die Art sei ihm undiplomatisch vorgekommen. „Gib dem Menschen die Hand, berühre aber sein Herz!" Das ist seine Devise für Kritikgespräche. Manchmal müsse er die Dinge beim Namen nennen. Sonst lasse sich das Problem nie lösen. „Ich versuche, den Menschen ins Gewissen zu reden. Ich erwarte, dass die Menschen sich selbst nicht belügen." Den Chef könnten sie vielleicht täuschen, aber eine schlechte Leistung werde nicht besser, weil es eine gute Ausrede gibt.

Der Meinungsaustausch verläuft bei Emekci nicht wie in dem alten Unternehmerwitz: Der Mitarbeiter kommt mit seiner Meinung rein und geht mit meiner Meinung wieder raus.

Viel bessere Erfahrungen hat er mit dem Rollentausch gemacht. „Wir haben ein Problem, wie würden Sie an meiner Stelle entscheiden?" Die Frage stellt er schon mal im Gespräch. Letzteres dürfe nicht einseitig ausfallen. Zuhören sei oft wichtiger als Reden, Empfangen wichtiger als Senden. Er will ihre Sorgen verstehen. Aber im Unterbewusstsein blinkt die Warnlampe: „Don't make your problem to my problem." Trenne dich von negativen Menschen, die haben zu jeder Lösung ein Problem. So lautet ein Ratschlag, den Emekci, je älter er wird, um so konsequenter verfolgt. Solche Personen kosteten zu viel Kraft. Umgekehrt vertritt er die Ansicht, die Stärken eines Menschen zu fördern, sie nahezu täglich anzusprechen. Das gilt auch für den Chef. Wer motiviert den Motivator, wenn nicht er selbst. „Die Stärken machen mich zu dem, was ich bin. Deshalb rede ich lieber darüber. Meine Schwächen kenne ich selbst."

„Recht haben bringt mir nichts, wenn das Problem nicht gelöst wird." Umgekehrt freut sich Emekci, wenn Mitarbeiter sich ihm anvertrauen, sogar ihre berufliche Zukunft mit dem Unternehmen verbinden. Zu plump darf die Vertraulichkeit nicht sein. Duzen mit den Mitarbeiterinnen oder Mitarbeitern geht gar nicht. Das gilt selbst für langjährige Kollegen. Verwandte im Betrieb ausgenommen. Eine gewisse Distanz per „Sie“ sorge für Respekt – auf beiden Seiten. Und Respekt, darauf legt er Wert, sei das A und O. „Wir sind im Business, nicht im Kindergarten oder im Sandkasten“, fügt er hinzu.

Zu seinem persönlichen Unternehmer-Credo gehört auch Vertrauen. Spätestens am 26. eines Monats würden die Gehälter bezahlt, immer. Darauf könne sich jeder im Haus verlassen. Und wer seine Arbeit schnell erledigt, darf gerne eine halbe Stunde Kaffee trinken gehen oder sich am Freitag früher in den Feierabend verabschieden. Aber bei der „Arbeit einschlafen“ oder wie ein Schläfer wirken, geht gar nicht. Andererseits weiß er als erfahrener Menschenkenner, dass er mit 80 Prozent der Leistung bei dem Großteil seiner Belegschaft zufrieden sein muss. „Wenn ich von denen 100 Prozent verlange, werde ich kirre.“ Bitten könne man einen Mitarbeiter, befehlen könne man ihm aber nicht. Die Leute arbeiten, so hat er beobachtet, sechs von acht bezahlten Stunden am Tag. Hinzu komme Essen gehen, sich privat unterhalten, der Toilettengang, Rauchen. „Wenn Sie das akzeptieren, regen Sie sich nicht auf.“ Bei allem Respekt und Vertrauen setzt der Chef auf Regeln. Ihm ist das Spielen am Handy ein Graus. Da hat er schon mal durchgesetzt, dass bei einem Mitarbeiter am Arbeitsplatz einen Monat lang Handyverbot galt.

Die Menschen brauchten eine Leitfigur, eine Führungskraft, von der sie sagen können, mit dem baue ich meine Zukunft auf. Einen zuverlässigen Partner, einen Felsen in der Brandung. Keinen Chef, der in guten Tagen einstellt und in schlechten Tagen entlässt. Deshalb hat Emekci ein Problem mit Großunternehmen, die Leute einstellten, wenn es gut laufe. Und wenn es mal schlecht läuft, mal eben 10.000 Arbeitsplätze abbauten. Das sind in seinen Augen 10.000 Schicksale, Menschen mit Familie, die in dem Moment im Stich gelassen werden.

Auch Liebe zum Unternehmen lässt sich bei allen Zuwendungen und Incentives nicht erzwingen, hat Emekci im Laufe der Jahre lernen müssen. Gerade bei den immensen Lebenshaltungskosten im Rhein-Main-Gebiet spielt die Höhe des Gehaltes eine nicht geringe Rolle. Lufthansa, Siemens, die Deutsche Bank böten bessere Gehälter, „aber da sind Sie als Mensch nur eine Nummer“. Was er selbst erlebt hat: Wenn die Geschäfte schlecht gehen, ist der Letzte, der kam, der Erste, der gehen muss. Und umgekehrt: Wer wegen Geld kommt, geht auch wegen Geld. Da gibt sich der Unternehmer keinen Illusionen hin. Wenn jemand sich damit beschäftige, sich zu verändern, „den können Sie nicht halten“. Mit Fluktuation muss man immer rechnen. Wer ehrgeizig ist und den Job wechseln will, wird er nicht aufhalten.

Die meisten Mitarbeiter blieben in seiner Firma, weil sie der Unternehmensleitung und dem Geschäftsmodell vertrauten. „Sie sind mir gegenüber loyal und sehen in mir einen Menschen, auf den sie sich verlassen können.“ Die Firma, so hat er im Laufe der Jahre erleben dürfen, ist auch Teil ihrer Arbeit, die sie mit aufgebaut haben. Die Arbeitsteilung ist dabei klar: Die Verantwortung liegt beim Chef, da wolle keiner mit ihm tauschen. In mehrerlei Hinsicht ist die (dienst)älteste Mitarbeiterin ein gutes Beispiel. Sie feierte im vergangenen Jahr ihr Jubiläum, war 20 Jahre im Betrieb. Von Haus ist die Kollegin Logistikerin, hat auch kurz in der Abfüllung geholfen. Als sich die Chance ergab, Abteilungsleiterin zu werden, winkte die bewährte Fachkraft ab, diese Verantwortung wolle sie ungern übernehmen. „Wir sind dankbar dafür, nicht jeder kann Chef sein", kommentiert Emekci diese Aussage. Aber im Alltag ist die gestandene Frau dann doch die inoffizielle Leiterin, weil sie wegen ihrer großen Erfahrung von allen respektiert und zu vielen Details gefragt wird. Als Geschenk zum Jubiläum bekam sie einen Pkw zur Verfügung gestellt.

Zu den Vergünstigungen für die Arbeitnehmer gehört eine kleine Kantine mit eigener Küche. Weil etwas, was nichts kostet, nichts wert ist, zahlen die Mitarbeiter für das Essen einen symbolischen Euro. Einmal im Jahr geht es auf Reisen. Drei Ziele stehen jeweils zur Wahl. Es kann nach Barcelona gehen, nach Mallorca oder in die Türkei. Jeder kann mitfahren, am Ende ist es rund die Hälfte, die mitfliegt. Donnerstags wird die Firma abgesperrt, Sonntag kehren alle erholt vom Sonne tanken zurück. Das zeigt besonders Wirkung, wenn der Betriebsausflug in solche unfreundlichen Monate wie den November gelegt wird.

Früher hat Emekci rund 400 bis 500 Euro pro Person bezahlt. Heute, so ergänzt er dezent, koste es etwas mehr. Ganz ohne persönlichen Einsatz verläuft die Reise für die Kolleginnen und Kollegen nicht. Für die freien Tage Donnerstag und Freitag sorgt die Firma, den Samstag und den Sonntag müssen die Mitarbeiter selbst übernehmen. Und sie müssen sich ein bisschen anstrengen. Denn irgendein

Angebot zum Thema Fitness, Yoga oder gesunde Bewegung ist immer integriert. Die Mitarbeiter sollen etwas dazulernen, zuhören – aber Powerlearning ist nicht vorgesehen. Sich besser kennenlernen gehört zu den Zielen dieser Reisen.

Bei allem Zähneknirschen wegen der potenten Mitbewerber, schwingt Stolz mit, wenn, wie geschehen, eine Mitarbeiterin zum Siemens-Konzern wechselt. Sie wurde eingestellt, als der Manager hörte, wo sie bisher arbeitete. Zur Reputation trägt vermutlich bei, dass die emmi EMAG AG in sechs Berufen ausbildet: Außenhandels- und Industriekaufmann, Elektrotechniker, Logistiker, Webdesigner, Buchhalter. Acht junge Leute werden gerade in diesen Berufsbildern geschult. Wie das so ist im deutschen Behördendschungel, gingen dem einige Investitionen voraus, die demjenigen erspart bleiben, der die gut ausgebildeten jungen Kräfte gleich von der Werkbank mit höheren Gehältern weglockt. Mitarbeiter, die Lehrlinge betreuen, benötigen einen Ausbilderschein. Dafür müssen die künftigen Ausbilder Kurse bei der Industrie- und Handelskammer belegen, sie werden dafür freigestellt. Zu den zahlreichen Vergünstigungen zählt, dass das Unternehmen die Kosten für den LKW-Führerschein übernimmt, wenn dies zur Ausbildung gehört. Bedingung: Der Mitarbeiter muss anschließend mindestens zwei Jahre im Haus bleiben.

Zur Wahrheit gehört aber auch, dass die Ausbildung kein Selbstzweck ist. Gerade zwischen Aschaffenburg und Mainz sind Fachkräfte Mangelware und werden mit der Lupe gesucht. Die Mittelständler haben es besonders schwer. Wo Konzerne ganze Abteilungen unterhalten, die den Change organisieren oder Beratungsfirmen als externe Helfer engagieren, muss Emekci mit seinem kleinen Führungsteam Herausforderungen wie die Digitalisierung und den Einsatz Künstlicher Intelligenz aus eigener Kraft meistern. Die Modernisierung zwingt alle Bereiche des Unternehmens bei vielen Themen neu zu denken: Buchhaltung, Webdesign, Logistik, Fotografie, Elektronik, Internetvertrieb, Einsatz von Social Media.

Wenn man sich selbst nicht mehr zu helfen weiß – ob aus Kostengründen oder aus Mangel an Fachkräften – greifen die üblichen Methoden: Outsourcen oder Automatisierung. Bei der Logistik sind bereits Subunternehmer und Partnerfirmen wie die DHL im Einsatz. Auch Roboter sind schon installiert. Zu den Ursachen des Arbeitskräftemangels zählt Emekci die Diskussion über Work-Life-Balance. In Deutschland dürfe so etwas kein Thema sein. Das sei eher politisch erzeugt. Die Politiker der jüngeren Zeit hätten die Menschen zur Faulheit geradezu erzogen. Beispiel: die Idee des bedingungslosen Grundeinkommens. Oder wenn der Staat Überstunden mit Steuern belege.

Die Auswirkungen dieser Fehlentwicklung beobachtet der vielreisende Geschäftsmann regelmäßig an den unterschiedlichsten Stellen. Wer am Flughafen ankommt, müsse ewig auf den Koffer warten. Selbst in großen Städten schlössen die Geschäfte in der City immer früher. Nach 20 Uhr könne er kaum noch irgendwo einkaufen, sonntags ohnehin nicht. Selbst einige Cafés hätten sonntags geschlossen. In südlichen Ländern sehe er die Menschen abends feiern, überall brenne noch Licht, da sei Leben. „In Deutschland sperrt man uns ein und sagt, du musst um 22 Uhr das Licht ausmachen."

Aus Sicht des Unternehmers sind solche Signale Fehlanreize. Warum? Zu wenige Menschen arbeiteten noch zu ungewöhnlichen Zeiten, immer weniger seien bereit, schwere körperliche Arbeit zu verrichten – wie zum Beispiel als Kofferschlepper in der Gepäckabfertigung des Flughafens. Bürokratische Hürden erschwerten zudem den Betrieb von Lokalen oder Kneipen. Es sei schwieriger geworden, Menschen zu begeistern und sie zur Arbeit zu bewegen. Das gelte für alle, Ausländer und Deutsche. Und das treibt die Preise für gute Arbeit in die Höhe. Ergebnis: „Wir finden keine Low-budget-worker mehr." Emekci lagert also aus. Ein Subunternehmer für Logistik ist für die emmi AG jetzt Tag und Nacht unterwegs. Auch die Zahnpastaproduktion ist extern vergeben.

Was den Einsatz Künstlicher Intelligenz angeht, bleibt der Ingenieur einerseits skeptisch. Tests mit der generativen Intelligenz im eigenen Unternehmen verliefen nach seiner Erfahrung bisher enttäuschend. Noch zu viele Fehler, aber daran werde es nicht scheitern. Das System lerne dazu. Auf Dauer bedrohe das Arbeitsplätze, weil man damit sehr viele Menschen ersetzen könne. Schon jetzt erstelle eine Software Grafiken und Texte für die Online-Bewerbung von Produkten. Grafiker und Fotografen, die die Produkte in Szene setzen, sieht er auf Dauer nicht mehr in der Firma. Aber schon jetzt sei absehbar: „Das Menschliche, das Soziale wird fehlen. An manchen Stellen fehlt es schon jetzt." Der gesamte Servicebereich, so sieht er für viele Branchen voraus, wird automatisiert. Die Kundenanrufe in der Firma können gut durch Roboter mit Menschenstimme allein bewältigt werden. Dann liegt es ihm zufolge in der sozialen

Verantwortung des Unternehmers, ob er ganze Abteilungen schließt oder nur teilweise ersetzt.

Andererseits weiß auch Emekci, dass KI den Menschen viel abnehmen kann. Das hat der Vielflieger vor allem bei seinen Reisen erlebt. Beispielsweise checke der Computer für den Passagier am Flughafen ein. Der Pilot Emekci sieht in seiner Vision bereits Drohnen, die Passagiere transportieren und keinen Piloten mehr benötigen. Das Risiko in der Fliegerei sei der Mensch, der Fehler mache.

Insgesamt findet Emekci, dass die Entwicklung in die falsche Richtung laufe. Der Schaden wird größer sein als der Nutzen. Er sieht noch mehr die Risiken als die Chancen, gerade angesichts der vielen bekanntgewordenen Fakes und Fakenews. Man könne Wahrheit und Unwahrheit nicht mehr unterscheiden. Besonders auf dem Gebiet der öffentlichen Meinung sieht er Gefahren. Die journalistische Arbeit werde untergraben, deren gesamtgesellschaftlich wichtige Arbeit werde zunichte gemacht. Hinzu kommt nach seiner Erfahrung, dass der exzessive Gebrauch der Smartphones zu geistiger Trägheit führt. Man merke sich nichts mehr, lagere sein Gedächtnis in die Google-Welt aus. „Früher konnte man mindestens 20 Telefonnummern auswendig. Heute kaum eine." Das Ergebnis: „Die Menschheit verblödet, und nur die großen Plattformen werden klüger und an Daten reicher." Die Rechenprogramme, auch Anbieter wie ChatGPT, würden durch die im Netz erhältlichen Informationen und vor allem durch die Anfragen der Nutzer immer intelligenter. Das könne für die Menschen zum Verhängnis werden. Daher hält es Emekci für richtig, den Einfluss der Künstlichen Intelligenz in der Gesellschaft gesetzlich einzugrenzen.

Wie entwickelt sich sein Unternehmen weiter? Sein Zauberwort heißt „lösungsorientiert". Es bedeutet, dass man sich mit Lamentieren nicht lange aufhalten sollte, denn das Klagen und Jammern hilft nicht bei der Bewältigung des Problems. Emekci fragt sich und andere nach Lösungen; das ist – unabhängig von der Beschaffenheit der Schwierigkeiten – der Grundgedanke: Wie kommen wir raus aus der Sache? Wo liegt der praktische Weg? Welches Dickicht versperrt momentan den freien Blick auf diesen Weg? Wie schaffen wir es beiseite?

Nicht zuletzt seine Erfahrungen im Umgang mit Menschen, die er bei seiner Versicherungsarbeit gesammelt hat, helfen ihm bei der Problembewältigung. Emekci hat nach eigenem Bekunden längst gelernt, dass es nichts bringt, den eigenen Vorteil in den Mittelpunkt zu rücken. Es komme vielmehr darauf an, die Interessen des Gegenübers zu erkennen und geschickt in die Argumentation einzubauen.

Der amerikanische Buchautor Dale Carnegie („Wie man Freunde gewinnt") hat dafür Beispiele genannt. Unter anderem beschreibt er den geschickten Strategiewechsel eines amerikanischen Unternehmens. Lange hatte es nach der eigenen Interessenlage argumentiert, nämlich: „Der Betrieb unserer Speditionsabteilung leidet darunter, dass ein wesentlicher Teil der Güter erst am späten Nachmittag in unseren Besitz gelangt." Aber warum soll es die Kunden interessieren, worunter der Betrieb leidet? Der neue Brieftext zielt dagegen auf die Interessen der Adressaten, er lautet: „Sofern es Ihnen möglich wäre, die Versandposten Ihrer Firma bereits am Vormittag bei uns anzuliefern, würden Ihre Wagen unverzüglich abgeladen und Ihre Güter gleichentags befördert werden."

Diesen Perspektivwechsel hat Bülent Emekci längst verinnerlicht. Er versetzt sich in die Lage seiner Kunden und Verhandlungspartner – mit Erfolg. Dieser besteht darin, dass er die Kundenorientierung mit seiner Strategie der Zielorientiertheit verknüpft. Es gilt, für den Kunden die beste Lösung zu finden, auch wenn das oft auf den ersten Blick unmöglich scheint. Voraussetzung dafür: Man muss dieser Welt grundsätzlich positiv gegenüberstehen – mit Skepsis erkennt man Probleme eher, als dass man sie löst.

Was der studierte Techniker vielen voraus hat: Er hat kein Problem mit Zahlen, im Gegenteil, sich selbst nennt er einen Zahlenmenschen. „Wenn ich eine Zahl gesehen habe, behalte ich die – auch nach zehn Jahren." Das gilt zum Beispiel für Bilanzen. Prozentrechnung liegt ihm, geht meist flott im Kopf. Was ihm an Ziffern sympathisch ist: „Worte können lügen, Zahlen nicht." Eine Eins sei immer eine Eins. Menschen missbrauchten Worte. Daher ist es ihm wichtig, dass er die Leistung von Mitarbeitern immer auch nach Zahlen messen kann. Deshalb kann der Unternehmer die Wände hochgehen, wenn er von der Idee liest, die Bundesjugendspiele nicht mehr als Leistungswettkampf abzuhalten. Beim Weitsprung auf die Messung zu verzichten, nur um einen korpulenten Schüler nicht zu beschämen? Das sei Unsinn. Aus seiner Sicht sollte jeder Mensch Ziele haben, denen er nacheifert. Nur so wird Ehrgeiz entfacht. Beispielsweise kann den auch der nicht so sportliche Schüler entwickeln, der ein anderes Ziel verfolgt als der Beste im Fach. „Aber wenn wir uns an den Bequemen orientieren, können wir uns gleich wieder in die Höhle setzen und das Jagen einstellen."

Unternehmer dieses Schlages, so empfindet es der Freund Alexander W. Hetjes, seien einerseits unverzichtbar, andererseits eine aussterbende Spezies. Emekci habe aus dem Elternhaus ein starkes Wertebewusstsein mitbekommen. Und er habe das, was man den Deutschen als Tugenden zuschreibt, sehr stark verinnerlicht: das Pünktliche, das Akkurate, was man zusagt, das hält man, diese Verlässlichkeit, das lebe er. Hetjes Fazit: „Er hat das Beste aus beiden Welten mitbekommen.“

Aufs Geschäft bezogen heißt die Devise: Die Zahlen müssen stimmen. Seine Verkäufer müssen dabei Verantwortung auch für andere übernehmen. Denn sie müssen das Geld für die Backoffice-Leute mitverdienen. Aus dem Gesamtpaket entsteht eine Zielzahl, die es zu erreichen gilt.

Emekcis eigene Zahlen lauten im Jahr 2024: 93 Mitarbeiter, 21,5 Millionen Euro Umsatz in der Gruppe. Davon entfallen auf die EMAG (Nail) 11 Millionen, Dental 8 Millionen und Gastronomie 2,5 Millionen.

Wenn man überlegt, dass er mal mit drei Mitarbeitern 1999 angefangen hat und ihn damals die Panik befiel, deren Gehälter nicht regelmäßig zahlen zu können, bleibt er heute bemerkenswert gelassen. Mittlerweile sind es 250.000 Euro an Gehaltssummen, die das Unternehmen allmonatlich aufbringen muss. Kredite haben seine Firmen nie aufgenommen, Hypotheken ausgenommen.

Der Zahlenmensch kann es trotz Buchhaltung und Management nicht lassen. Die Bankeingänge schaut er jeden Tag zwei bis drei Mal durch. Sein Dashboard ist so eingerichtet, dass er bei Bedarf sogar Einzelbuchungen einsehen kann. Zum Beispiel kann er auf diese Weise sehen, wer am meisten Umsatz macht.

Was ihn beschäftigt: Gerade die genaue Überwachung von Zahlungseingängen zeigt ihm, dass Onlinegeschäfte kein Selbstläufer sind. Die Einnahmen je Einkaufskorb sind beispielsweise von durchschnittlich 80 Euro auf heute 40 Euro gesunken. Hunderttausende Euro sind fällig, damit die Onlinewerbung läuft. Sprich: Man muss Unsummen investieren, um bei den großen Suchmaschinen möglichst weit oben gelistet und bemerkt zu werden. Diese Abhängigkeit stört Emekci. Für ihn sind das US-Unternehmen, die in Deutschland so gut wie keine Steuern zahlen. „Und wir transferieren damit unser sauer verdientes Geld ins Ausland."

Zu den Kosten, die ein deutsches Unternehmen schultern muss, zählen nach Emekcis Erfahrung hohe Summen, die er alljährlich an Versicherungen zahlen muss. Auch das benachteilige ihn gegenüber Mitbewerbern, die ausschließlich im Internet operieren und, wenn überhaupt, Unternehmenszentralen im Ausland betreiben. Typisch deutsch: Man sichere sich gegen alle möglichen Risiken ab – das summiere sich auf rund 50.000 Euro im Jahr, und man wisse doch, im Falle eines Falles gibt es Risiken, gegen die man sich nicht versichern kann. Eine Weisheit, die er im Laufe des Berufslebens gelernt hat: „Die größten Risiken in betrieblichen Abläufen entstehen, wenn Mitarbeiter nicht ausreichend geschult oder ausgebildet wurden." Seine Schlussfolgerung: Nicht auf Versicherungen verlassen, sondern die Menschen besser ausbilden. „Wir sind damit sehr gut gefahren."

In diesem Wissen und mit einer gewissen Dankbarkeit für das Glück, das der Tüchtige haben musste, spendet sein

Unternehmen regelmäßig Geld, aber auch materielles Gut. Am Ende des Jahres, wenn man weiß, wo die Reise finanziell hingeht, wird überlegt, was man wohin gibt. Wichtig sind ihm solche Projekte, bei denen die Integration gefördert wird, Kinder von der Straße geholt werden – ideal dafür findet er beispielsweise Sport, vor allem kleinere Fußballvereine in der näheren Umgebung. Insgesamt 50.000 Euro, so schätzt Emekci, gibt sein Unternehmen im Jahr für diese Zwecke aus. In den Genuss kommen Sportvereine, Hundevereine, manchmal sogar Parteien. Bisweilen kann Emekci Kunden motivieren, mit ihm zusammen etwas zu geben. Die emmi EMAG AG packt etwas dazu und verschenkt zum Beispiel Hundekissen. Persönlich nimmt ihn das Schicksal von Menschen mit, denen das Gedächtnis verloren geht. Er hat einmal eine Nachbarin im Pflegeheim besucht, die ihm in seiner Jugend beim Hausaufgabenmachen sehr geholfen hatte. Sie ist an Demenz erkrankt. Die Zustände dort haben ihn sehr nachdenklich gemacht. Auch da müsse man unterstützen. Bei seinen Spenden unterscheidet er zwischen Mäzenatentum und Sponsoring. Letzteres dient auch der Profilierung der Firma, hilft bei der Imagepflege. Im Ergebnis ist es für die Empfänger das Gleiche, ihnen wird geholfen. Steuern zahlt er übrigens gerne. Schließlich brauchen die Städte gute Straßen und Schulen. Allerdings fiel es ihm nach eigenem Bekunden außerordentlich schwer, der Ampel-Regierung in Berlin sein Geld zu überlassen. Man habe damals den Bock zum Gärtner gemacht.

Die emmi EMAG AG ist ein Familienunternehmen. Es überrascht nicht, dass auch Ehefrau Annette ins Geschäft einbezogen ist. Obwohl ihr Mann sagt, er sei nicht mehr im operativen Geschäft aktiv, berichtet er ihr doch häufig zu

Hause von den alltäglichen Dingen, die ihn in der Firma beschäftigen. Eine Entscheidungsträgerin ist sie zwar nicht, aber der Blick von außen hilft manchmal, die Dinge nüchterner und neutraler zu sehen. Ein Jahr lang hat die Ehefrau des Chefs mal in seiner Firma mitgearbeitet. „Das hat nicht funktioniert. Er war für mich als Chef zu streng." Der Abschied aus der Firma hat die Beziehung gerettet.

Und die Sicht des Chefs? Er wünsche sich manchmal gar keine Familie im Betrieb. „Sie können Familie nie so behandeln wie Mitarbeiter." Und schon innerhalb der Familie gebe es Unterschiede in der Auffassung und Bewertung von Situationen. Es sei schon kompliziert genug, so viele unterschiedliche Charaktere in einem Unternehmen auf ein Ziel einzuschwören. „Und wenn dann noch die Familie dazu kommt ..." Dieser Stoßseufzer sagt nicht alles. Es war der größte Wunsch des Vaters, dass die Kinder bei ihm arbeiten. Vielleicht, sagt er heute, wäre es besser gewesen, wenn sie mal in andere Betriebe reingeschaut hätten. Aber das sei sein eigener Fehler gewesen. Er habe die Söhne direkt in die Firma geholt. Als ob ein Unternehmen eine neutrale Zone wäre, in der es eine Art Waffenstillstand im Konflikt der Generationen gibt, hat der Chef offenbar gehofft, dass sich seine Gene irgendwie durchsetzen und der Übergang reibungslos vonstattengeht.

Inzwischen haben die Söhne Deniz und Can längst selbst Verantwortung übernommen, sind von Chefkindern zu Mitverantwortlichen aufgestiegen. Und müssen vom Vater ebensolche Kritik aushalten wie andere leitende Mitarbeiter. Anerkennend gesteht der Vater ein, dass ihn seine Kinder bisweilen positiv überraschen und sie ihre eigenen

Qualitäten ins Unternehmen mit einbringen. Der eine sei ein Zahlenmensch, der andere der Umgängliche, der Kontakte pflegen könne.

Bülent Emekcis jüngerer Bruder Cüneyt ist ebenfalls im Unternehmen tätig. Er leitet die Geschäftssparte Dental, ist laut Bruder sehr ehrgeizig und baut die Sparte emmi-Pet gerade auf. Das macht er nach dem Urteil des großen Bruders so gut, dass die Hundesparte die Humandentalsparte bald überholen könne.

Wer so viele Vertraute um sich hat, braucht der noch Berater, Menschen außerhalb des Unternehmens, die man um Rat fragen kann? Gibt es womöglich sogar Vorbilder, denen der erfolgreiche Selfmademan nacheifert?

Spezielle Vorbilder hat Emekci nicht. Aber ab und zu liest er im Handelsblatt von interessanten Unternehmern, eher Amerikaner als Deutsche. Sie gäben ihm höchstens mal ein gutes Beispiel, seien keine Leitfiguren. Früher hat er charismatische Wirtschaftsführer oder Erfinder bewundert, Microsoft-Gründer Bill Gates, die Google-Gründer oder die Albrecht-Brüder. Der Jungunternehmer, immer auf der Suche nach Menschen, von denen er lernen kann, hat einmal sogar versucht, mit der Chefetage von Aldi in Kontakt zu treten, mit überschaubarem Erfolg. Mittlerweile ist er zurückhaltender. Viele seien zwar erfolgreich, aber jeder habe auch seine Probleme. „Je näher ich selbst solchen Situationen kam, umso weniger habe ich deren Taten bewundert."

Bleibt der gute Rat von außen. Seine Frau sagt, es falle ihm schwer, anderen Menschen zu folgen. Er schränkt das ein. Anders als in der Schulzeit oder als Berufsanfänger, als er die guten Eigenschaften anderer bewundert, ihnen nachgeeifert hat, brauche es jetzt mehr, um Bülent Emekci zu überzeugen. Er höre gerne zu, aber es müsse etwas zu erzählen geben. Souveräne Persönlichkeiten schätzt er, wenn sie von Null an etwas aufgebaut haben. Er selbst habe Tag und Nacht gearbeitet, geweint, gelacht, Schmerzen gehabt. „Ich habe etwas erreicht." Und er wisse nicht, ob beispielsweise ein Politiker ihm nach diesen Erfahrungen einen Rat geben könne.

Bei Politikern interessiert ihn schon mal, wie die bei der starken Belastung noch ihr Familienleben organisieren können. In dieser Hinsicht ist ihm der ehemalige Bundeskanzler Gerhard Schröder kein Vorbild – er ist zum fünften Mal verheiratet. Aber jeder Mensch habe Schwächen. Und Schröder sei als Politiker einst gut gewesen, mutig (Agenda 2010), mit der Konsequenz, dass er abgewählt worden sei, aber er habe Entscheidungen getroffen. „Ich mag keine Menschen, die nicht entscheiden können." Nur dessen Abgang sei nicht schön gewesen. Aber Menschen zu verurteilen, stehe ihm nicht zu. „Macken haben wir alle."

Bülent Emekci schaut deshalb so kritisch auf die Sozialdemokratie, weil er der SPD selbst 33 Jahre lang angehört hat. Die meiste Zeit davon, so nennt er es, sei er passives Mitglied gewesen. Aber einige Jahre war er stellvertretender Vorsitzender eines Ortsvereins. Dem aktiven Manager war diese Periode ein Graus. In Erinnerung ist ihm geblieben, dass 90 Prozent der Tätigkeit aus Herumsitzen bestanden habe. Dieses nicht Vorankommen, stattdessen Debattieren ohne handfestes Ergebnis habe ihm nicht gefallen. Die Jugendfreundin Alexandra Kraft hat sein kommunalpolitisches Engagement in Mörfelden-Walldorf beobachtet. Bülent habe viel für die Jungsozialisten gemacht. Er habe stets versucht, etwas im Ort zu bewegen. Aber dort herrsche eine tiefe Verwurzelung im Althergebrachten, Skepsis gegenüber Neuem – eine Mischung aus Sturheit und Verschlossenheit.

Und aus berufenem Mund kommt ein Kompliment: „Er ist ein politisch denkender Mensch, er hat ein politisches Verständnis, versteht die Abläufe in der Politik, das ist etwas Seltenes", sagt Alexander W. Hetjes, der in der Kommunalpolitik seiner Heimatstadt Bad Homburg die Fahnen der CDU vertritt.

Um sich mit Menschen identifizieren zu können, müssen sie erfolgreicher sein als er. Die Nähe solcher Menschen sucht Emekci, um zu schauen, was er von ihnen noch lernen kann. Was hat er anders gemacht, was waren Schlüsselmomente? Das fragt er manchmal sein Gegenüber, auch Privates. „Wie haben Sie das gemacht in Ihrer Ehe, mit Ihrer Firma?"

Als es um die Integration der Söhne in die Unternehmensführung ging, hat Emekci einen Coach in die Firma geholt. Dessen Ratschläge kannte er entweder schon selbst, oder sie waren für die Familie inakzeptabel. Berater beraten und gehen wieder. Und man selbst stehe dann mit der Umsetzung allein da. Die türkische Weisheit, die ihm bei der Gelegenheit einfällt, lautet: „Suchst du helfende Hände, schau auf das Ende deiner Arme." Wenn Emekci eines gelernt hat, dann ist es, die unangenehmen Dinge nicht vor sich herzuschieben. Je unangenehmer, desto schneller bearbeiten. „Wer es nicht vormittags löst, trägt das Problem den ganzen Tag mit sich herum." Das ist kein türkisches Sprichwort, sondern Originalton Bülent Emekci.

Wie sich sein Unternehmen verändert, vor allem vergrößert hat, erkennt man auch an der Zusammensetzung des Aufsichtsrates. Die Männer, die ihn in der ersten Phase begleitet hätten, seien ihm persönlich verbunden gewesen. In dieser Situation seien das wichtige Ratgeber gewesen. Ihm, so sagt Emekci, sei nun daran gelegen, in der aktuellen Lage Aufseher hinter sich zu wissen, die viel vom digitalen Arbeiten verstehen und mit Argusaugen auf seine Geschäfte schauen. „Lieber ist es mir, dass diese Menschen meine Fehler entdecken als später das Finanzamt." Dann sei noch Zeit für Gegenmaßnahmen und Korrekturen; im anderen Fall sei es zu spät. Infolgedessen sitzen in seinem Aufsichtsrat jetzt ein Oberbürgermeister, ein Sparkassenvorstand und ein Finanzmanager, der zuvor namhafte Konzerne beraten hat. Sein Fazit: „Ich habe Profis um mich versammelt." Einer der Profis ist Bad Homburgs Oberbürgermeister Alexander Hetjes: „Ich sitze im Aufsichtsrat als Privatperson. Es gibt keine Verstrickungen mit dem Amt des OB, keine Bezahlung, rein ehrenamtlich", betont er.

KAPITEL 11

Luxus ist, wenn man nicht auf den Preis gucken muss

„Ich freue mich über Kleinigkeiten" / Was sich nach einem Freitag im Sommer 2017 verändert hat / Warum teure Autos wie Goldmedaillen sind

Was erfreut einen Menschen, der sich selbst als reich empfindet, der sich scheinbar alles leisten kann? Der Mann, der sich gerne mit teuren Autos umgibt, der ein Flugzeug sein Eigen nennt und gegenüber anderen sehr großzügig sein kann, sagt, er freue sich über ein gutes Steak. Gerne auch über etwas Neues, das erschwinglich ist. „Ich freue mich über Kleinigkeiten." Hört sich an, als habe Bülent Emekci im Laufe der Jahre einen Lernprozess durchgemacht. Denn außer dem materiellen Wohlstand, den er sehr schätzt, ist ihm, dem Millionär, mittlerweile auch anderes Nichtmaterielle wichtig: „Man sieht die Sonne und ist positiv gestimmt, das kostet kein Geld und keine Kraft." Vielleicht ist an solch einem Bekenntnis dieser eine Freitag im Sommer des Jahres 2017 schuld.

Seit jenem Tag hat sich seine Einstellung zum Luxus geändert. Autos zum Beispiel seien Gebrauchsgegenstände, „die ich nicht mit ins Grab nehmen kann". Aber beinahe hätte ihn eines davon ins Grab gebracht, könnte man ergänzen.

Der Muslim Bülent Emekci hatte sich an diesem Tag, wie er das häufiger tut, Zeit genommen, um in die Moschee zu gehen. Er nennt es Muße, um zu meditieren, religiös in sich zu gehen. Anschließend beschloss er, nach Bad Homburg zu fahren, einen Ort, den er besonders wegen seines hohen Erholungswertes schätzt. Als er so gegen 13 Uhr auf die Autobahn A5 in Höhe von Mörfelden auffährt, gibt er Gas.

Für die Einordnung der Geschichte ist es bedeutsam, um welches Fahrzeug es sich handelte, mit dem Emekci an diesem Tag Richtung Taunus fuhr. Der Mercedes-Benz SLS (die Abkürzung steht für Super Leicht Sport) ist auch bekannt als Flügeltüren-Mercedes. Die Serie wurde nur fünf Jahre gebaut, der Hersteller lieferte die Wagen mit Motoren aus, die zwischen 500 und 700 PS leisteten. Ladenpreis je nach Ausstattung bis zu einer Viertelmillion Euro.

Das schöne Wetter steigerte die Euphorie. Heute schätzt Emekci, dass er sein Auto auf rund 250 Kilometer in der Stunde beschleunigt hatte, als sich ein Opel Zafira auf die Überholspur schob. War er abgelenkt durch einen Blick aufs Radiodisplay? Beide Hände hätten jedenfalls das Steuer gehalten, auch das Handy sei nicht im Spiel gewesen, erinnert er sich; jedenfalls ist Wagenlenker Emekci komplett überrascht, muss reagieren. Vermutlich kam der andere

Wagen von einem Parkplatz, kreuzte relativ schnell von der Einfahrt auf die Überholspur, um zwei Lastwagen zu passieren, die nebeneinander fuhren.

Was Emekci Jahre später in vielen Sätzen rekapituliert, spielt sich damals in Sekunden, vielleicht sogar Zehntelsekunden ab. Auffahren, Ausscheren, Vollbremsung? Der heftige Tritt auf das Bremspedal zeigt Wirkung, der Abstand zum Opel schrumpft aber noch dramatisch. „Ich wusste, ich würde auffahren." Diese Kollision muss um jeden Preis verhindert werden. Instinktiv lenkt er den Mercedes nach rechts in Richtung mittlere Spur. Dort erscheint eine Wand aus Blech und Plane, einer der beiden Lkw versucht im gefühlten Schneckentempo einen weiteren Lastwagen zu überholen. Emekcis Wagen bricht aus, er kann das Fahrzeug wieder abfangen, rast bei immer noch hohem Tempo auf den Lkw zu. Mit gewaltiger Wucht schlägt der Sportwagen auf den Laster auf, die Kollision an dessen Heck ist so heftig, dass sich das Auto in der Lkw-Karosserie verklemmt. „Ich glaube, das hat der Fahrer gar nicht richtig gemerkt", sagt Emekci. Er hat kurz die Gewalt über sein Fahrzeug verloren, der Pkw wird einige Meter mitgeschleift, Emekci kann noch einmal mit aller Kraft das Bremspedal durchdrücken. Endlich löst sich sein Wagen aus der Umklammerung, der Flügel-Mercedes kommt frei, rollt auf den Nothaltestreifen der Autobahn und kommt zum Stehen.

„Durch dieses Erlebnis habe ich am eigenen Leib erfahren, dass das Leben sehr schnell vorbei sein kann." Die nächsten Schritte laufen mechanisch ab. Emekci registriert, dass der Airbag aufgeplatzt ist, sein rechter Arm blutet, Reibungsbrand durch den Airbag. Es qualmt. Nächster Gedanke: raus aus der Kiste. Geht nicht. Die Fahrertür blockiert, irgendetwas klebt fest. Andere Seite. Wieder unerwarteter Widerstand. Doch die Flügeltür gibt nach, als Emekci sie mit den Füßen nach außen und oben wegtritt. Später analysiert der Ingenieur in ihm, dass offenbar der Aufprall einen Hitzeschub erzeugt hat, der die Gummierung der Tür schmelzen ließ. Mit Mühe krabbelt er aus der Karosserie.

Bis zu diesem Zeitpunkt haben die Überlebensinstinkte funktioniert. Wie stark der Schock ist, merkt er erst jetzt. Mit dem Handy wählt Emekci den Polizeinotruf, meldet seinen Unfall – und kann auf Nachfrage des Beamten seinen Unfallort nicht nennen. Zeppelinheim, das ist nur wenige Kilometer von seinem Wohn- und Arbeitsort entfernt. Hunderte Male ist er hier mit dem Auto vorbeigefahren. Aber etwas blockiert in ihm. Er beendet das Telefonat. Nur wenig später ist alles wieder da: Als er mit seiner Frau telefoniert, kann er klar und deutlich Unfallhergang und Unfallort nennen. Neuer Anruf bei der Polizei, jetzt mit den erforderlichen konkreten Angaben.

Endlich verschafft er sich einen Blick der Lage. Der Lkw parkt rund 300 Meter weiter vorne auf dem Standstreifen, er hat eine breite Bremsspur über den Asphalt gezogen, offenbar haben die Hinterräder blockiert. Dem Fahrer ist nichts passiert, er kommt auf Emekci zu, erkundigt sich nach seinem Befinden. Unterdessen rauscht der Fahrzeugstrom ununterbrochen vorbei. Als endlich ein Wagen hält und der Fahrer fragt, ob Hilfe gebraucht werde, ist bereits alles geregelt. Der Abschleppdienst ist bestellt.

Nach einer geschlagenen Stunde rollt ein Streifenwagen heran. Und Emekci spürt, was seine vermeintliche Prominenz wert ist. „Ich dachte, man kennt mich in Mörfelden, ich dachte, ich sei wichtig. Aber offensichtlich kannte mich die Polizei nicht."

Und das – geliebte – Auto? Er hat den Flügel-Mercedes immer nur mit der Hand gewaschen, um den Lack zu schonen. In diesem Moment aber ist mehr ab als der Lack. Totalschaden. „Und ich habe gemerkt, wow, das ist auch nur ein Gegenstand."

Der Liebhaber teurer und wertvoller Automobile, der Freund schneller Wagen und starker Motoren fasste einen Entschluss: Er wird alles nur noch benutzen, die Luxuskarossen sollten von da an nur noch Gebrauchsgegenstände für ihn sein. Und ins Grab kann er nichts mitnehmen. „In solch einem Moment bringt dir all dein Geld nichts."

Dem Luxus hat Emekci nicht abgeschworen, aber seine Einstellung dazu hat sich geändert. Diese Fahrzeuge sind kein Teil mehr von ihm, er sitzt nur drin.

Was kam nach dem Unfall? Die Polizei stellte keine Verbotswidrigkeit, kein strafbares Handeln fest, man könnte auch sagen, der Schock und die Todesnähe waren Strafe genug. Die Versicherung übernahm den Schaden komplett, ersetzte den Wiederbeschaffungswert. Am Ende erhielt der Mercedes-Freund mehr Geld, als er seinerzeit für das Auto bezahlt hatte. Und machte sich sogleich auf die Suche nach einem Nachfolger.

Warum das? Hatte er immer noch nicht genug, sollte diese Erfahrung nicht ausreichen? Bülent Emekci hat eine andere Philosophie. „Wenn ich etwas Traumatisches erlebt habe, muss ich fast das Gleiche wiederholen, damit ich langfristig in einer ähnlichen Situation keine Angst mehr habe." Wie bei dem Hund, der ihn erschreckt hat; er geht wieder hin.

Das alte SLS-Modell gab es nicht mehr, Emekci musste eine ähnliche Ausführung erstehen. Ausstattung und Farbkombination stimmten überein: „Ich habe mich reingesetzt, es war ein trauriges, aber auch schönes Gefühl." Dem Vorgänger trauert er dennoch nach. Es gab nur 5000 Stück aus dieser Serie. „Und ich hatte eines kaputtgemacht."

„Das ist wie bei einem Sportler, dem sie eine Goldmedaille umhängen." Im Geschäftsleben gibt es so gut wie keine öffentlichen Auszeichnungen mit Siegertreppchen, Nationalhymne und allem Drum und Dran. Die Insignien des Erfolges sind andere. Für Bülent Emekci sind es seine Autos. Ein reicher Mensch, so argumentiert Emekci, müsse irgendetwas haben an seiner Person, das er für wertvoll erachtet. Das könne eine besondere Brille sein, die Geld kostet, eine handgefertigte Uhr oder ebensolche Schuhe. Jeder Mensch, so seine Theorie, habe etwas, woran er hängt, sich damit wohlfühlt, was ihm deshalb auch etwas wert sei. Manchmal beobachtet er Menschen, die ein Vermögen besitzen. „Wenn ich die angucke, sehe ich nichts, was denen lieb ist. Entweder leben sie lieblos oder arbeiten nur für andere." Sprich: Man müsse den Mut und das Selbstbewusstsein haben, sich selbst für etwas zu belohnen. Und es zeigen.

Freundin Alexandra Kraft erklärt sich das so. In anderen Ländern, in der Türkei oder in den USA zum Beispiel, zeige der Erfolgreiche, was er erreicht hat. „Dafür bekommt er neidlose Anerkennung, und es steht dir auch absolut das Recht zu, das zu zeigen, was du hast." Doch der große Fuhrpark der Emekcis weckt im Spargelstädtchen Mörfelden-

Walldorf auch Argwohn und Neid. Aber Bülent sei das egal. Ehefrau Annette relativiert das ein wenig. Denn so völlig wurscht sei ihm die Meinung anderer auch nicht. „Er will geliebt werden. Stellt sich deshalb nach außen so dar." Und die Autos, schöne Gebäude, erlesene Kleidung zu zeigen, erzeugten aus seiner Sicht Achtung.

Was aber fasziniert den erfolgreichen Selfmademan an den Karossen? Er muss nicht lange überlegen, mit Autos verbindet er Kraft und Power, Lifestyle, sie geben ihm das Gefühl des Erfolges. In Autos kann man nicht nur raus- sondern auch reingucken. Man sieht, wer drinsitzt.

Doch damit nicht genug, es müssen bestimmte Automarken und Modelle sein. Sie signalisieren, wie der Besitzer tickt. Emekci hat beobachtet, dass Menschen, die schnell und leicht zu viel Geld gekommen sind, am liebsten „Protzautos" fahren. Im übertragenen Sinne erklärt das ein türkisches Sprichwort: Den Löwen erkennt man an seinem Liegeplatz. „Wenn sie nur Shishabar-Besitzer-Fahrzeuge kaufen, die aufgemotzt sind, wollen sie nur irgendein Angeberimage vermitteln."

Solche Mischkarossen, halb Rennauto, halb Straßenwagen, da fallen ihm Lamborghini oder Ferrari ein, „tiefer gelegt, obwohl er sowieso schon tief liegt", seien für den Alltag eines Geschäftsmannes nicht geeignet. „Was will man damit repräsentieren?" Wenn er einen Lamborghini sehe, stellt sich Emekci in Gedanken vor, dass da einer mit Jogginghose, Goldkette und protziger Uhr drinsitze. „Das sind Angeber, die etwas beweisen wollen."

Marken wie Bentley, Rolls-Royce vermittelten Tradition und Wertebewusstsein. Diese Wagen seien nicht sexy, blieben aber ihrer Linie treu. Ein wichtiger Nebeneffekt für den Kaufmann: „Mercedes S-Klasse, Aston Martin, Rolls-Royce, die werden im Markt nicht verramscht."

Mit jedem seiner sieben Fahrzeuge verbindet Bülent Emekci etwas Besonderes. Den Flügeltüren-Mercedes hat er in der alten Version einmal als Spielzeugmodell geschenkt bekommen. Aus dem Kinderspiel wurde eine erwachsene Realität. Mit dem Porsche 911 verhielt es sich ähnlich. Das war schon eher der Traum eines jungen Mannes. Als Lufthanseat besaß er drei unterschiedlich gefärbte Modelle, die es in der Spielzeugversion in der Business-Lounge gab. Lange hat er sich gesträubt, sich einen Porsche zuzulegen. Irgendwann habe jeder ein Modell aus Zuffenhausen gefahren. Etwas Besonderes war das nicht mehr. Inzwischen schaut er weniger auf andere. Mit 54 Jahren hat sich der reife Mann die Wagen geleistet, die er sich als junger Mann nicht kaufen konnte.

Aber gleich drei Rolls-Royce? Ein Phantom (der Klassiker), ein Dawn (sportliches Cabrio für Ausfahrten), ein Ghost (ein Viertürer, mit dem man Gäste am Flughafen abholt). Die Autos sind auf das Unternehmen EMAG gebrandet. Ursprünglich war das erste teure Auto für Präsentationszwecke auf Messen gemietet worden. Mittlerweile ist aus dieser Idee eine Flotte an Fahrzeugen geworden, die in einer eigenen Firma geführt und bisweilen auch vermietet werden. Allerdings eher intern zu Firmenzwecken.

Reine Spaßfahrzeuge sind hingegen ein nachgebauter Oldtimer der Marke Auburn aus dem Jahr 1970 und ein alter Fiat 500 aus dem Jahr 1957, dessen Türen nach vorne aufgehen. Die Devise lautet: Ein Auto muss nicht nur gut aussehen, es muss einem auch Freude beim Fahren bereiten.

In die Spaßkategorie gehören ebenfalls die vier Motorräder. Sogar seine erste Harley hat Bülent Emekci noch, die er hin und wieder gerne fährt. Doch das Lieblingsbike ist ein „Iron Horse", ein Chopper aus dem gleichnamigen texanischen Unternehmen, das sein Geschäft inzwischen geschlossen hat. Solch eine Maschine hole er nur drei bis vier Mal im Jahr aus der Garage. Auch das, so empfindet er es, sei Reichtum. Man gönne sich etwas, das man nicht jeden Tag brauche. „Aber wenn ich draufsitze, erlebe ich Glücksgefühle." Glücksgefühle seien wichtig, egal ob mit Geld oder ohne Geld. Das könne auch heißen, in der Sonne zu liegen, eine Tasse Kaffee zu trinken. Dazu gehört eine Einstellung, eine Art innerer Reichtum.

Übrigens: Der stolze Autobesitzer fährt gerne schnell – wenn es die Möglichkeit dazu gibt. Zum Beispiel früh am Morgen oder sonntags. Er liebt es, bei der Beschleunigung die Wucht zu spüren. Auf einen Chauffeur verzichtet der Geschäftsmann. Für wichtige Gäste bittet er schon mal einen seiner Mitarbeiter, sich hinters Steuer zu setzen und zum Flughafen zu fahren. Fahrzeuge zur Auswahl gibt es genug.

Bei aller Freude über die neuen Möglichkeiten bleibt der Mann auf dem Teppich und prüft gewissenhaft, ob das Preis-Leistungs-Verhältnis aus seiner Sicht stimmt. Das reicht vom Preis für eine Tasse Kaffee bis zum Erwerb einer Luxuskarosse. Das ist ein Charakterzug, der sich schon bei seinen ersten größeren Käufen zeigte. Ein Beispiel: Das erste Handy (Marke Eriksson), es hatte noch eine Antenne aus

Gummi, kostete den jungen Bülent 1023 Mark. Das weiß er noch genau. „Als ich das gekauft habe, kamen mir die Tränen, weil das wirklich viel Geld war." Doch er gab sich selbst die nüchterne Antwort: „Ich brauche nur einen Kundenanruf nicht zu verpassen, da habe ich das Geld wieder drin."

Emekci ist im Laufe seines Lebens sogar geiziger geworden. Er würde es preisbewusst nennen. Wieder das Beispiel Kaffee. „Warum zahlen manche für einen Kaffee umgerechnet fast fünf Euro bei Starbucks, in der Herstellung kostet der einige Cent." Alles in allem dürfte das Heißgetränk vielleicht 1,50 Euro kosten." Sein Urteil: moderner Diebstahl am Normalbürger.

Ist er dank seines Geldes heute ein glücklicherer Mensch? Das Geld mache ihn nicht glücklich, aber sorgloser. Ein Mann ohne Geld sei ein kranker Mann. Das steht für ihn fest. Geld sei notwendiges Übel, um im Leben einigermaßen zurecht zu kommen. Den Wert des Geldes dürfe man nicht aus den Augen verlieren, denn es muss hart erarbeitet werden. Glücklich, das hat er erlebt, kann man ohnehin nicht immer sein. Innerliche Zufriedenheit strebt er eher an. Und wahre Liebe, Zufriedenheit und Glücklichsein könne man nicht kaufen.

Der Markenhype ärgert ihn. Ein T-Shirt koste in der Herstellung drei Dollar. Sobald jemand ein Label draufnähe, koste es im Laden 49 Euro. Ja, es sei ein Imagegewinn, „aber das ist doch Veräppelung, irgendwann ist das Hemd verwaschen oder zerrissen, und im Endeffekt hat man 50 Euro weggeschmissen". So hat Emekci nicht immer gedacht. Als er sich noch als Ausländer fühlte und nach Anerkennung hungerte, wollte er mit dem teuren Polo-Shirt (das mit dem Krokodil) zeigen, dass er dazugehört. Bis er merkte, dass dies nicht die Art von Anerkennung war, nach der er strebte.

Wenn er abheben kann, wenn der Blick über Berge und Täler schweift, wird der Geschäftsmann poetisch, spricht von Wolken wie aus Baumwolle oder Sahnehauben, in die er am liebsten hineinspringen würde. Ihm fällt Reinhard Meys Lied ein: „Über den Wolken muss die Freiheit wohl grenzenlos sein". Bei seinem Flugzeug geht es nicht mehr um Image, Anerkennung oder Respekt. Bei dieser Anschaffung dominierte neben dem Kalkül, an viele Orte stressfreier zu gelangen, das Gefühl der Freiheit.

Am Anfang dieser Überlegungen stand eine Rechnung: Acht Stunden Autofahrt, wenig Autobahn, viel Landstraße, Staus. 2003 arbeitete Emekci bei der Gehäuseherstellung für seine Ultraschallgeräte mit dem Tschechen Peter Hajek in Ústí nad Labem (Aussig an der Elbe) zusammen. Das häufige Hin und Her mit dem Auto zehrte an den Nerven, kurzfristige Besuche fielen wegen der Umstände meist aus. Zumal die Hotels damals noch nicht den westlichen Ansprüchen entsprachen. Fliegend wäre die Distanz in wenigen Stunden überbrückt. Zeit spart Geld.

Ein Onkel von Ehefrau Annette empfahl den Helikopter-Flugschein. Das war Emekci zu gemütlich: wie Aufzugfahren, in einem Glasaufzug. Ihm fehlte daran das Gefühl der Geschwindigkeit. Nach zwei Jahren hatte er seinen Flugschein und ein eigenes Flugzeug. Es folgten, Lehrgeld bezahlt, zwei weitere Käufe (und Verkäufe), bis der richtige Flieger im Hangar stand. Eine Diamond Aircraft aus Österreich. Da funktionierte alles, schließlich hat man nur ein Leben. Zum Genießen blieb auch noch Zeit. Wieder gerät der Pilot ins Schwärmen.

Aber Bülent Emekci wäre nicht Kaufmann – und hätte keine guten Berater – wenn er nicht bei aller Euphorie über das Fliegen auch an die Finanzen dächte. „Ich bin ein Marktkind", lautet seine Begründung. Infolgedessen wurde das Flugzeug in ein Leihunternehmen eingebracht, die emmi-Fly. Das Fluggerät wird bevorzugt an Fluglehrer verchartert. Denn die Maschine kostet im Jahr rund 30.000 Euro, ob sie fliegt oder nicht. Das Schöne daran: Ein Flugzeug muss geflogen werden, es darf nicht lange stehen.

Deshalb nutzt der vielbeschäftigte Geschäftsmann die Diamond Aicraft vor allem in den Wintermonaten, wenn die Nachfrage aus den Flugschulen nachlässt. Um die Fluglizenz zu behalten, muss er mindestens zehn Stunden im Jahr in der Luft sein, tatsächlich komme er auf 50 bis 80 Stunden. Außerdem fordert das Luftfahrt Bundesamt regelmäßig ein medizinisches Zeugnis ein. Das „Medical" muss Emekci in seinem Alter einmal jährlich vorlegen.

Das schnelle „Up up and away" passt zu den Urlaubsgewohnheiten. Ein bisschen Sightseeing aus der Luft, irgendwo zwischen dem Hunsrück und der Rhön niedergehen, einen Kaffee trinken oder ein Mittagessen einnehmen und dann zurück.

Lange Urlaubsreisen – womöglich noch zehn Mal an denselben Ort – sind seine Sache nicht. „Ich mag Kurztripps, Städte, Berge, dort Skifahren." Mehr als vier oder fünf Tage müssen sie in der Firma nicht auf den Chef verzichten. Schließlich, so der bekennende Workakoholic, biete ihm Arbeit ein hohes Maß an Befriedigung. Bevorzugte Ziele liegen in der Nordsee mit den Inseln Juist, Norderney, Borkum. Sylt sei ihm zu „schicky micky“. Die Berge haben es ihm ebenfalls angetan: Zell am See, die Alpen in der Schweiz und Österreich. Fest an eine Region möchte sich die Familie nicht mehr binden. Eine Villa in Spanien, an der er selbst mitgebaut hatte, hat er wieder verkauft. Land und Leute passten nicht zu ihm, aber vor allem schreckte ihn die Entfernung. Er hat gelernt: Eine Ferienwohnung kostet viel Geld, die Reinigung, Reparaturen, Abgaben. Lieber fährt er jetzt mit seiner Frau eher mal in ein gutes Hotel, in dem sich der Gast um nichts kümmern muss.

Bleibt die Frage: Wie hältst du's mit dem Sport? Manager definieren sich heute vielfach über ihre Marathonzeit (über oder unter vier Stunden?). Punkten kann man mit der Frage nach Dämpfung, Aufprallschutz, Neutral- oder Stabilschuh. Bülent Emekci hat sich dem Bewegungswahn viele Jahre verweigert. Das Golfspielen bezeichnet er als Zwischenetappe. Als er beobachtet, wie sich zwei Spieler bei einem Turnier darüber stritten, ob der Ball einen Meter früher oder später ausgegangen sei, fragt er sich, ob es nicht wichtigere Probleme gebe. Man kann sich den ungeduldigen Macher auch schlecht in karierten Hosen an einem Samstagnachmittag vorstellen, wie er vier Stunden lang mit Engelsgeduld versucht, Bälle in 18 unterschiedlich gut versteckte Löcher zu bugsieren. Seine Versuche, auch hier von den Besseren zu lernen, muss man als gescheitert betrachten.

Dennoch hat sich Emekci anstecken lassen. Einer seiner Aufsichtsräte ist passionierter Radsportler, „reißt mehrmals in der Woche morgens seine 50 Kilometer im Vordertaunus runter". Er schloss sich an. Allein zu fahren, wäre keine Option. „Man kann solche Sachen nur im Team machen." Für hügelige Strecken nutzt er sein E-Bike. Seine Zeit investiert er nicht in ein aufwendiges Training. Ein bis zwei Mal in der Woche das Trekkingrad bewegen, das reicht ihm. Mehr und mehr wird ihm klar, dass er „ein Augenmensch" ist, der trotz seiner Affinität zu Zahlen bei seinen Freizeitaktivitäten andere Prioritäten setzt. Selbstverständlich könne einer die Qualität seiner Ausfahrt in Zeiten, Kalorien oder Pulsausschlägen messen. Emekci erzählt lieber davon, dass er frühmorgens gerne vom Sattel in die Natur schaut, ein Reh gesehen hat. Den Ehrgeiz investiert er offensichtlich in andere Bereiche seines Lebens.

Doch selbst in der Freizeit tickt noch das Hirn des Unternehmers. Im Garten zum Beispiel. Vor einigen Wochen hat er sich gewundert, dass in seinem Viertel so viele ungepflegte Grundstücke zu sehen und so wenige professionelle Gärtner unterwegs sind. „Wenn Sie eine schöne Villa haben, der Vorgarten ist aber ungepflegt, das geht nicht." Da juckt es ihn schon wieder in den Fingern: Warum kann man nicht Helfer aus Polen engagieren und sie an Kunden vermitteln? Das hätte zwei positive Effekte: Der Mittler, also Emekci, verdiente Geld, und die Gärten sähen so gepflegt aus wie in England und an vielen Stellen in Spanien; es spricht der „Augenmensch".

Spielen gehört auch nicht unbedingt zu seinen Leidenschaften. Auf keinen Fall Glücksspiel. Da hat er noch die Worte des Vaters im Ohr: „Mit Glücksspiel kannst du alles verlieren. Dein Leben zerstören." Die eine Episode in der Bad Homburger Spielbank, bei der er mit weniger Geld herauskam, als er mitgebracht hatte, war ihm eine Lehre. Lotto spielt er schon mal aus einer Laune heraus. Aber den Tippschein im Abonnement, das ist nicht sein Ding.

Überraschend ist die Auskunft auf die Frage nach dem Aberglauben: „Meide das nicht, aber lasse dich davon auch nicht zu weit leiten." Diese Empfehlung eines türkischen Sprichwortes hat er sich gemerkt. Wenn Bülent Emekci in Istanbul ist, besucht er schon mal Lokale, in denen einem Profis mit Hilfe von Kaffeesatz die Zukunft voraussagen. Für 30 Euro. Es scheint mehr Zeitvertreib und Neugierde als Lebenskompass zu sein. Denn wir erfahren nicht, wie häufig die Prognosen eingetroffen sind. Schon eher vertraut er Jewgeni, einem Russen, der im Rhein-Main-Gebiet wohnt. „Er schaut Sie an und sagt Ihnen, wo es Wehwehchen gibt." Zwei Mal hat er dem kranken Bülent helfen können. Einmal schon sehr früh, noch in der Jugend. Ihn zu besuchen, beruhige zudem die Seele. Er glaube zu 20 bis 30 Prozent daran und es bringe ihn zum Nachdenken.

Dabei weiß Emekci genau, wer für sein Schicksal verantwortlich ist: „Im Endeffekt sind Sie Ihr Schicksalseigner, Sie entscheiden über Ihr Leben." Wer seine Gedanken in die richtige Richtung lenke, bestimme zugleich sein eigenes Schicksal. Und wer als Miesepeter durch die Welt laufe, der habe nicht viel Gutes zu erwarten.

Wer aber Erfolg hat im Leben, vielleicht noch das Glück des Tüchtigen, der trifft auf Neider, Schmeichler und Bluffer. Im Hochgefühl mit einer Mischung aus Zuversicht und Bestätigung verrutschen dann schon mal die Maßstäbe, der kritische Blick, der sonst den Mann des Business und der Zahlen auszeichnet, verschwimmt. Bülent Emekci fasst seine diesbezüglichen Lehren so zusammen: „Es ist nicht alles Gold, was glänzt." Seine Frau Annette bescheinigt ihm, manchmal regelrecht naiv zu sein, positiv ausgedrückt gutgläubig. Das hat auch die Steuerberaterin Alexandra Kraft beobachtet, die ihn schon seit der Jugend aus der Schule kennt: „Der Mensch Emekci lässt sich veräppeln. Der glaubt an das Gute und ist hilfsbereit. Von ihm würde man in der Not alles bekommen."

Das wird ausgenutzt, besser gesagt wurde. Denn auch Bülent Emekci hat sich verändert, ist misstrauischer geworden – und enttäuscht. Heute fragt er sich „was will der eigentlich von mir, vor allem, wenn mich jemand besonders lobt". Menschen, die über große Geldbeträge verfügten, aber auf Distanz zu Menschen blieben, hat er früher als kalt und unnahbar empfunden. Aus eigener Erfahrung weiß er, dass viele von denen Lehrgeld bezahlt hätten.

Wie Emekci auch. Vor einigen Jahren hat ihm jemand in Bad Homburg ein Geschäft angeboten, zugleich dramatisch geschildert, wie er selbst unverschuldet in Not geraten sei. Im Nachhinein stellt der Betrogene bewundernd fest: Der Mann habe sich wirklich gut verkauft. Auf jede Frage habe er eine plausible Antwort parat gehabt. „Der arme Kerl hat in Mist gegriffen, gib ihm eine Chance", habe er sich daraufhin gesagt – und wurde hereingelegt. Inzwischen weiß er, dass er vermutlich sogar einem Profi auf den Leim gegangen war, der solche Geschichten routiniert schon hundert Mal erzählt hat. Für den früheren Versicherungsvertreter Emekci, der gelernt hatte, Menschen richtig zu beurteilen, eine besondere Schmach.

Der Menschenfreund erlebte solche Enttäuschungen mehrmals. Mal war es ein Zahnarzt, angeblich aus der Schweiz, der behauptete, er habe sein Portemonnaie verloren und brauche dringend 5000 Euro. Vor einem Bauunternehmer aus Offenbach warnten ihn seine Söhne. Er solle den Namen mal wenigstens googeln und dann eine Kreditauskunft über ihn einholen. Schließlich zog Emekci die Konsequenz. Bürgschaften gibt er nicht mehr. Und wenn einer schlechte Referenzen im Internet hat, trinkt er mit ihm einen Kaffee, aber Geschäfte macht er mit so jemandem nicht mehr.

Bittere Erkenntnis nach solchen Rückschlägen: „Dadurch habe ich Teile von mir selbst verloren, ich bin ein positiver Mensch, möchte anderen Menschen eine Chance geben, sie kennenlernen, aber jetzt blocke ich früher ab." Dafür ist ihm das eigene Geld zu hart verdient, als dass er es leichtfertig verleiht. Auch er spricht heute von Lehrgeld, das jeder mal zahle. Leider manchmal aus eigener Dummheit und Naivität, aus dem Glauben an das Gute heraus, dem Willen, Menschen helfen zu wollen.

KAPITEL 12

„Ich war ungewollt schwanger"

Oder wie ein Elektroingenieur zum Besitzer eines Restaurants in Bad Homburg wurde / Am Anfang stand eine Zurückweisung / Erlebnis vor der legendären Tennis-Bar

In Bad Homburg atmet man Champagnerluft. Da leben die Schönen und die Reichen. Mit seiner Millionärsquote liegt das Taunusstädtchen auf Rang Drei in Hessen (130 Einkommensmillionäre im Jahr 2023). Kein Wunder, dass man da gerne mal reinschnuppern möchte. Die Nobelstätte im Taunus hatte den jungen Bülent neugierig gemacht. Der 19-Jährige hatte gehört, dass es besonders heiß in der angesagten Tennis-Bar zugehe. Wir sprechen hier von den späten achtziger Jahren, als dieser Club die Menschen im gesamten Rhein-Main-Gebiet magisch anzog. Showstars wie Peter Maffay, Roberto Blanco, Fats Domino, Helen Schneider oder Dunja Reiter traten hier live auf. Von Entertainer Harald

Juhnke erzählte man sich, er sei sogar mit einem Hubschrauber im Kurpark gelandet, um schnell in den Club zu kommen. Entsprechend fielen an manchen Tagen die Eintrittspreise aus, man verlangte schon damals bis zu 300 Mark, wenn Udo Jürgens zum Konzert bat.

Legendär waren die Pyjama-Partys, bei denen die Gäste in bisweilen gewagter Nachtbekleidung anreisten. Selbst Boxkämpfe wurden von hier aus im „aktuellen Sportstudio" des ZDF übertragen. Deutschlands damals schönster Boxer, René Weller, schickte den britischen Gegner im ersten Kampf allerdings schon in der zweiten Runde auf den Discoboden.

Aber Bad Homburg hatte eine Kleiderordnung, offenbar auch Zugangsbeschränkungen. Hier regierte Tradition und Reglement. Da kam nicht jeder rein. Schließlich genoss der Tennisclub den Ruhm, mit dem Gründungsdatum 1876 der älteste Verein auf dem Kontinent zu sein. „Die Leute in Wimbledon waren richtig überrascht, dass unser Club ein Jahr älter ist als ihrer", freut sich Oberbürgermeister Alexander Hetjes noch heute. Zwar gehörte das alte Tennis-Clubhaus, Baujahr 1913, mit dem Discoflair nicht mehr zum Tennisverein, Zutritt hatte aber weiterhin nur eine ausgesuchte Klientel, über deren Zusammensetzung die Türsteher entschieden.

„Ich hatte Turnschuhe an, das war nicht erlaubt", erzählt Bülent Emekci, warum er an diesem Abend draußen bleiben musste. Man merkt ihm die Verbitterung noch an. Immerhin hatte wenige Jahre zuvor ein junger Grünen-Politiker namens Joschka Fischer seine Vereidigung als Umweltminister im Hessischen Landtag in ebensolchen Schuhen absolviert. Er hatte sich die schneeweißen Treter eigens für diesen Anlass gekauft, wie er später gestand. Heute sind sie im Deutschen Ledermuseum in Offenbach zu bewundern. Oberbürgermeister Hetjes meint, er sei sich nicht sicher, dass die Zugangsverweigerung unbedingt an Emekcis Schuhen gelegen habe. Jedenfalls wurde seine Laune nicht unbedingt besser, als er mit den Freunden in der nahegelegenen Spielbank am selben Abend auch noch 80 Mark verspielte. Erst gewann er, dann war beides weg: Gewinn und Einsatz.

Es gab also ausreichend Gründe für den Mann aus Mörfelden-Walldorf, dauerhaft einen Bogen um Bad Homburg zu machen. Dass er sein unternehmerisches Glück nur 200 Meter und drei Minuten zu Fuß entfernt von der Tennis-Bar noch einmal versuchen würde, konnte er vor mehr als 30 Jahren nicht ahnen. Auch nicht, dass er ausgerechnet den Oberbürgermeister der noblen 55.000-Seelen-Gemeinde einmal zu seinen Freunden zählen würde.

Im Januar 2020 erhielt Bülent Emekci den Zuschlag und pachtete auf 14 Jahre das Restaurant „Am Römerbrunnen". Sein Vorgänger hatte das Haus über Jahre geführt, war mit der Gastronomie so verbunden, dass er sogar über dem Lokal wohnte, wollte aber nun den Ruhestand genießen. Ein Mittelsmann machte die beiden miteinander bekannt. Emekci hatte ursprünglich nach einem Lokal am Main Ausschau gehalten. Das Main-Nizza hätte er übernehmen können, aber seine Finanzberater rieten ihm ab. Doch seitdem ließ ihn die Idee einer eigenen Gastronomie nicht mehr los. Was reizte den erfolgreichen Elektrotechnik-Experten mit dem Händchen für Vertrieb und Marketing, sich mit Anfang Fünfzig noch einmal auf völlig unbekanntes Terrain zu wagen?

Er selbst sieht den Schritt gar nicht so groß. „Ich wollte ein feines Restaurant haben, wo ich mich wohl fühle, wo ich mit meinen Gästen hingehen kann." Bei der EMAG sind nicht selten wichtige Geschäftspartner zu Gast. Sie werden mit dem repräsentativen Rolls-Royce „Ghost" vom Flughafen abgeholt, man verhandelt in der Zentrale, aber wenn der Gastgeber anschließend zu einem guten Essen einladen will, bieten sich zwischen Spargel- und Kartoffelfeldern eher rustikale Gaststätten an. Bad Homburg aber, das kannte er aus Jugendtagen, verströmte die Luft von etwas Besonderem. Dort zu speisen, sei geradezu imagebildend – auch für das Unternehmen insgesamt. „Daher bin ich Gastronom."

„Und ich war ungewollt schwanger", fügt er trocken hinzu. Denn ursprünglich sollte ein Gewährsmann die Geschäftsführung übernehmen. Den hatte aber die Kur- und Kongreß-GmbH nicht akzeptiert. Er sei zu alt. Das zu hundert Prozent städtische Tochterunternehmen verwaltet wichtige Liegenschaften der Stadt Bad Homburg, zu denen die ehemalige Molkenanstalt im Kurpark gehört, die seit 1988 als Restaurant genutzt wird. Emekci firmiert seitdem als Geschäftsführer und Pächter. Für die laufenden Geschäfte hat er einen etablierten Profi aus Frankfurt in den Hochtaunus gelockt. Der gebürtige Italiener Gennaro Formoso hat am Main sieben Lokale geführt, unter anderen das bekannte „Da Enzo". Seitdem macht sich in der Küche des Römerbrunnens der mediterrane Einfluss bemerkbar.

Die ungewollte Schwangerschaft des neuen Pächters barg noch eine böse Überraschung. Kaum war das 26 Personen starke Team auf die neue Spitze eingeschworen, kam der Geschäftsbetrieb zum Erliegen. Wir schreiben das Jahr 2020, Ende Januar wurde zum ersten Mal Covid-19 in Deutschland festgestellt. In der Fastnacht verbreitete sich der tödliche Erreger besonders schnell. Schon am 22. März trat der erste Corona-Lockdown in Deutschland in Kraft. Es wurde zwar keine allgemeine Ausgangssperre verhängt, aber es bestand ein Kontaktverbot. Gaststätten mussten für Wochen schließen. Das hätte für die junge Gastronomie im Kurpark von Bad Homburg tödlich ausgehen können. Der neue Pächter hatte schließlich einen hohen Betrag für Abstand und Umbau bezahlt. Den Umsatz, also eine gut eingeführte Wirtschaft mit Stammgästen, so kalkulierte er dabei, hatte er gleich miterworben. Daraus wurde erst mal nichts. Noch 2023, so berichtet das Statistische Bundesamt, lag der Umsatz der deutschen Gastronomie fast 13 Prozent unter dem des letzten Vor-Corona-Jahres 2019. Branchenkenner sehen jeden achten Betrieb in Insolvenzgefahr, da die Erholung nur sehr langsam in Gang kam.

„Uns ist ein Stein vom Herzen gefallen, als er das Lokal übernommen hat", erzählt ein recht entspannt wirkender Oberbürgermeister. Alexander W. Hetjes beschreibt, welchen Wert die Immobilie für die Stadt hat: „Mitten im Kurpark und die schönste Terrasse der Stadt." Zu Fuß sind es von dort nur wenige Minuten zu den Perlen der Bädergemeinde: Spielbank, Golfplatz, Tennisanlage, Kaiser-Wilhelms-Bad. Das Stadtoberhaupt sieht den Römerbrunnen zudem unter den vier bis fünf besteingeführten Restaurants der Stadt. „Als Corona kam, hatten wir gedacht, dass es schiefgeht." Aber Bülent Emekci sei eine Sorte Geschäftsmann, von der es immer weniger gebe. Per Handschlag besiegelt er eine Vereinbarung, und man wisse, dass man sich hundertprozentig auf ihn verlassen kann.

Es sei zum Beispiel nicht selbstverständlich, dass ein Pächter solch umfangreiche Sanierungsmaßnahmen aus der eigenen Tasche bezahle. „Kurzum, er ließ uns nicht hängen", erzählt Hetjes. Ihm war wichtig, das Haus in guten Händen zu wissen. Schließlich lädt die Stadt in das repräsentative Lokal am Kurpark gerne wichtige Gäste ein. Über die letzten Jahre hat man sich kennen- und schätzengelernt. Daher gehört der Pächter inzwischen zu seinen Freunden.

Wie nötig ein sanfter Relaunch mit erheblichen Investitionen für das Haus war, belegt dessen lange Geschichte. An dieser Stelle hatte die Stadt nach einigem Hin und Her dem Badearzt Deetz die Einrichtung einer Molkenanstalt gestattet. Schon kurz nachdem der berühmte königlich preußische Gartenbaudirektor Peter Joseph Lenné den Kurpark angelegt hatte, eröffnete 1859 die Ausgabestelle. Dort tat in den Sommermonaten ein echter Appenzeller Senner in Nationaltracht seinen Dienst. Die Molke, ein Nebenprodukt der Käserei, dem heilende Wirkung bei Magen-, Darm- und Atemwegserkrankungen zugeschrieben wird, kam von den Ziegen. Die hausten in einem baufälligen Stall nebenan. Das passte irgendwann nicht mehr in die Landschaft, in der gekrönte Häupter aus der ganzen Welt lustwandelten. Getreu dem ausgeschenkten Produkt entstand nach Entwürfen des Stadtbaumeisters Heinrich Behrends der Fachwerkbau im Stil eines Schweizerhauses.

Bülent Emekci musste also auch Denkmalvorgaben beim Umbau beachten. Er hat unter anderen die Veranda zu einem Wintergarten umbauen lassen, sodass neben dem beliebten Biergarten im Sommer in der kälteren Jahreszeit der unverbaute Blick in das erlesene Grün möglich ist. im Inneren wurde von der Serviette bis zur Wandfarbe alles umgestaltet und neu möbliert. In das Design ist der Geschmack des neuen Hausherrn eingeflossen. Gedeckte Farben, edle Ausstattung, dezente Beleuchtung. Er selbst besucht das Lokal vier bis fünf Mal in der Woche. Gerne mit Gästen. Aber in Details des Tagesgeschäfts mischt er sich nicht ein.

Das gilt schon eher für die Personalauswahl und dessen Einstellung. Denn in dem Metier ist Emekci seit jeher zu Hause. Andere Aufgaben kennt der Unternehmer ebenfalls aus seinen bisherigen Geschäften. Firma ist Firma, man müsse mit Einnahmen und Ausgaben verantwortungsvoll umgehen. „Ich bin Kaufmann, ich weiß, wie man die Kosten kalkuliert. Wenn man dieses Unternehmeralphabet kennt, wird man überall erfolgreich." Aber dem Personal gilt seine besondere Aufmerksamkeit. Dienen und Dienstleistung sei in der Gastronomie eine noch viel größere Herausforderung. Man brauche Jahre, um einen Kunden zu gewinnen, aber es brauche nur einen Moment, ihn zu verlieren. Es fällt auf, wie viele Gäste den Geschäftsführer schon kennen und wie herzlich er mit ihnen umgeht. Bad Homburg ist inzwischen zu seinem zweiten Wohnsitz geworden. Feine Unterschiede im neuen Business hat er seitdem ausgemacht. Bisher läuft vieles bei der EMAG über Onlinegeschäfte. Der Käufer eines Produktes ist weitgehend anonym, persönlich begegnet er einem selten. Jetzt kommen die Menschen mit sehr bestimmten Erwartungen ins Lokal. „Sie wollen etwas von mir. Etwas, was sie anschließend in guter Erinnerung behalten wollen. Das bereitet mir Freude, hier bin ich kein Bittsteller. Ich muss mein Produkt nicht anpreisen, denn die Gäste sagen ‚du kannst gut kochen, ich möchte meinen Gaumen bei dir verwöhnen.'"

Lehrgeld, das gesteht der Neugastronom ein, hat er schon bezahlt. Dazu zählt, dass man Rücksicht auf die harte Arbeit der Belegschaft nehmen muss. Mit den Mitarbeitern in Küche und Service müsse man sorgsam umgehen. Die müssten Hochleistungen vollbringen, und der Markt für gute Kellner und Köche sei fast leergefegt. Und der Römerbrunnen hat sieben Tage in der Woche geöffnet. Emekci, der selbst nicht gerne spät zu Bett geht, hat dafür gesorgt, dass die Küche zeitig schließt und die Mannschaft pünktlich nach Hause gehen kann. „Viele haben Familie."

Und der Chef? Wie sah es nach Übernahme des Lokals mit seinen Arbeitszeiten aus? Er gesteht, dass seine Familie anfangs nicht begeistert von dem neuen Betätigungsfeld war. Er selbst sieht darin ein Hobby, das ihm Freude bereitet. Es gehe ihm nicht nur ums Geldverdienen. Tatsächlich war der Return on invest wesentlich früher geplant, jetzt geht Emekci von sechs bis sieben Jahren ab Neueröffnung aus. Auf 14 Jahre hat er das Haus gepachtet, und die Pacht wird pünktlich bezahlt.

Eine überraschende Information gibt Bülent Emekci preis: Bülent Emekci ist zwar ein Kenner und Bewunderer guten Speisens, er kann minutenlang von der Qualität hochwertiger Öle und anderer erlesener Zutaten schwärmen, sich für selbstgemachte Saucen begeistern – „nicht die Fertigprodukte von der Metro" –, aber in der Küche selbst kennt er sich nicht aus. „Ich kann höchstens Wasser kochen."

Übrigens, ein nachträglicher Punktsieg für Emekci: Mit der Tennis-Bar ging es bald bergab, mehr und mehr bevölkerten Vertreter des Rotlicht-Milieus die Tanzfläche. 2006 musste der Betreiber Konkurs anmelden, jetzt flog die Bar selbst aus dem Kurpark.

KAPITEL 13

Ein Schuh, der die Füße massiert

Die Erfolgsgeschichte des Ultraschall ist noch nicht zu Ende / Der Ingenieur tüftelt weiter

Technische Revolutionen und wirtschaftliche Disruptionen waren oft dann im Markt erfolgreich, wenn branchenfremde Mitbewerber in ein angestammtes „Revier" einfielen. Davon können die Automobilbauer (Eindringling Elon Musk mit Tesla) oder die Zeitungsverlage (Mitbewerber Google) ein Lied singen. Bülent Emekci beobachtet ebenso beeindruckt, wie sich etablierte Marken neu erfunden haben in Momenten, als ihr bewährtes Geschäftsmodell nicht mehr funktionieren wollte. Als Beispiel nennt er die Spirituosenmarke Jägermeister oder den Schuhhersteller Birkenstock.

Mit dem Birkenstock-Manager Dr. Erik Massmann ist er privat befreundet. Die Gespräche mit ihm haben ihn auf eine neue Idee gebracht. Ausgerechnet beim gemeinsamen Radeln durch den Vordertaunus. Bei der Gelegenheit überlegte er, wie er den Ultraschall in Birkenstockschuhe implementieren könnte. Die Wirkung sollte wie bei einer Akupunktur gewisse Zonen in der Fußsohle stimulieren. Eine Nacht hat er anschließend noch darüber gegrübelt, wie sich ein Mensch mit Ultraschall beim Laufen die Füße massieren kann – und sich dabei wieder Lebensfreude verschafft.

Sein Ingenieurgehirn tüftelt weiter an dem „Massage-Schuh". Was die Chinesen mit Nadeln bei der Akupunktur machen, würde er durch reibungslosen Ultraschall ersetzen. Selbst trug er Birkenstock-Sandalen zuletzt vor 30 Jahren. Als nächstes plant er einen Besuch der Produktion in Görlitz und den Kauf eines neuen Paares zu Testzwecken.

„Wenn wir dadurch Rheuma vorbeugen oder anderen Krankheiten des Bewegungsablaufs, wäre das schon ein Erfolg." Beim Laufen dürfe man nicht merken, dass Ultraschall am Werk sei. Nachhaltig wäre, so spinnt er weiter, wenn man beim Laufen so viel Energie erzeugen würde, dass eine Batterie im Schuh überflüssig wäre.

Wäre er mit dem Birkenstock-Finanzchef nicht Rad gefahren, „wäre ich auf diese Idee vielleicht nie gekommen". Emekci fühlt sich in seiner Philosophie bestätigt, neue Menschen kennenzulernen, bringe ihn auf gute neue Ideen. Der Ingenieur in ihm sei zugleich der Problemlöser. „Wenn ich morgen auf einen Winzer treffe, der mir etwas von Problemen mit seinem Korken erzählt, würde ich mir automatisch Gedanken machen, wie man das besser für ihn lösen könnte."

Dass seine Gedanken ständig neue Ideen hervorbringen, ist vor allem seinem Ingenieurwissen und profunden Kenntnissen der Elektrotechnik geschuldet, dank derer

Emekci dutzende von Patenten erworben hat. Das Treppenhaus der Firma in Mörfelden-Walldorf ist mit den gerahmten Belegen seiner Einfallskunst praktisch tapeziert. Da finden sich allein 25 gerahmte Patentanmeldungen und viele Gebrauchsmusteranträge.

Im und um das Unternehmen herum gibt es Menschen, die seine Unternehmungslust und Risikofreude einigermaßen konstruktiv-kritisch begleiten. Aber es schwingt auch eine Portion Bewunderung mit, wenn seine Steuerberaterin Alexandra Kraft einen Kollegen zitiert, der die „Methode Emekci" so schildert: „Er geht zehn Geschäfte mit vollem Risiko ein, und davon haben zwei Erfolg." Letzterer gibt ihm recht.

Emekcis eigene Erfolgsrechnung kommt dem ziemlich nahe. „Nur mit drei von 25 Patenten haben wir wirklich Geld verdient." Dazu gehörte die Ultraschallzahnbürste, eine digitale Wegfahrsperre (Patent ist lange ausgelaufen) sowie eine Haarbürste, die ionisiert. Ursprünglich war dieses Produkt für Astronauten gedacht, die sich während der Weltraumflüge nicht waschen können. Die Schwerkraft zwang zu kreativen Maßnahmen. Das Bürsten mit den elektrisch aufgeladenen Teilchen sollte Körpergerüche neutralisieren. Als das Patent auslief, hat es der Hersteller Philips übernommen. Er produziert jetzt die Haarbürste, wirbt jedoch nicht um den Kundenkreis der Astronauten, die Zielgruppe wäre vergleichsweise klein. Aber wie so vieles, was für den Weltraum erfunden wurde, erfüllt die Ionen-Haarbürste heute einen anderen Zweck. Die geladenen Teilchen helfen vor allem Frauen, die ihr krauses Har nicht mögen, ihre Strähnen zu glätten. Außerdem, so der Anbieter, glänze das Haar hinterher.

Den Gebrauchsmusterschutz gab es für alle Ultraschallreinigungsgeräte, zum Beispiel die Ultraschallbecken oder für emmi-Skin, die Hautbehandlung,. „Aber Geld verdienen wir vor allem mit emmi-Dent und emmi-Pet", hat Emekci ausgerechnet.

▶ Ultraschall-Boom

Die Nutzung von Ultraschallwellen hat sich im vergangenen Jahrzehnt enorm erweitert. Bekannt ist seit Jahrzehnten die Sonografie, mit der das Innere des Körpers mit Hilfe der Schallwellen sichtbar gemacht werden kann. Nach Auskunft der international tätigen Focused Ultrasound Foundation wird inzwischen auf 180 Anwendungsgebieten untersucht, wie man Ultraschall einsetzen kann. Vor zehn Jahren waren es lediglich drei. Neben der bekannten Verwendung bei der Reinigung und Entgasung in der Industrie hofft vor allem die Gesundheitsbranche auf Hilfe bei der Bekämpfung von Krankheiten. Dazu zählen Alzheimer, Tumore und psychische Erkrankungen. Neuere Berichte schildern Versuche, Ultraschall gegen die Abhängigkeit von Drogen und Schmerzmitteln einzusetzen. Das sei wie ein chirurgischer Eingriff im Gehirn ohne Schnitte, beschreibt ein Sprecher des Rockefeller Instituts für neurologische Erkrankungen in New York City.

Die FDA (Federal Drugs and Food Administration) in den USA hat mittlerweile grünes Licht gegeben für die Behandlung von Patienten mit Tremor. Die unwillkürlichen Muskelbewegungen (Dyskinesie) sind das markanteste Merkmal der Parkinson-Erkrankung. Im Rahmen einer klinischen Studie wurde ein Parkinson-Patient im Wexler Medical Center der Ohio State University mit fokussiertem Ultraschall behandelt. Die Mediziner stimulier-

ten eine Region im Gehirn, die sie mit der Dyskinesie in Verbindung brachten. In Zeitungsberichten wurde über die positiven Auswirkungen dieses Eingriffs geschrieben, die nach Jahren noch anhielten.
Weitere Gebiete des Ultraschalleinsatzes sind Essstörungen, posttraumatische Belastungsstörungen und Medikamentenabhängigkeit. Wichtig ist die Strahlenintensität. Die Strahlen können verbrennen oder stimulieren. Wissenschaftler warnen zugleich: Ultraschall sei kein Allheilmittel und sollte nur im Verbund mit anderen Heilmethoden Verwendung finden. Es brauche noch lange, bis diese Art der Behandlung in den Regelbetrieb der Krankenhäuser übernommen werde.

Quellen: https://www.fusfoundation.org/;
Washington Post vom 11. Mai 2024

Die Liste der weniger glücklichen Anläufe, neue Märkte zu erobern, ist lang. Heute fällt es Emekci leicht, davon zu berichten und Beispiele aufzulisten. Aber eine gewisse Widerstandskraft und Zähigkeit dürfte schon vonnöten gewesen sein, so viele Rückschläge zu verdauen. So gab es zeit- und materialraubende Versuche, LED-Technik, das heißt Leuchtdioden, für die Automobilindustrie praktikabel zu machen. Entweder waren andere schneller oder die Kosten fielen zu hoch aus.

In einem anderen Fall war sogar die Produktionsreife schon erreicht, die Ware lag bereits im Handel; aber offenbar so bleischwer, dass sich kaum jemand dafür interessierte. Dabei war das geringe Gewicht genau der besondere Clou. Emekci hatte bei Experimenten herausgefunden, dass man aus altem Plastik und Reifen Schieferplatten nachbilden kann. Diese Platten sahen täuschend ähnlich aus wie der echte Schiefer, den sich Hausbesitzer aufs Dach legen. Nur war das Recycling-Produkt wesentlich leichter, was für die Statik eines Hauses große Vorteile gebracht hätte. Außerdem war dem Material eine Lebensdauer von 30 bis 40 Jahren beschieden. Doch die Baumärkte meldeten zurück, dass die Ersatzplatten sich nicht verkauften. Umweltfreundlich und nachhaltig – Begriffe, die heute in keiner Werbung fehlen. Vielleicht ist es für manche Idee einfach zu früh.

KAPITEL 14

Gedanken über das Ende

„Er wird sein Kind nie allein lassen" / Vom Loslassen und Festhalten / „Du kannst nichts mitnehmen"

Mag sein, dass es zu früh ist, Bilanz zu ziehen. Andererseits: In seiner Firma macht Bülent Emekci das jedes Jahr. Auf Punkt und Komma, Euro und Cent genau. Und in seinem Leben? Wie soll es weitergehen?

Fragte man den jungen Bülent, antwortete der im Alter von 22 Jahren: „Mit 40 gehe ich in Rente, da will ich ausgesorgt haben." Eine Vorstellung dessen, wie das ist, reich und unabhängig zu sein, hatte er ehrlicherweise nicht, gibt der Mittfünfziger im Rückblick zu. Statt vor eineinhalb Jahrzehnten die Arbeit anderen zu überlassen, spricht er heute eher davon, noch einmal genau so viel Zeit dranzuhängen. Selbstständige könnten nie aufhören zu arbeiten. Sie würden immer versuchen, am beruflichen Leben teilzunehmen.

„Wenn Sie mir heute ein Bündel mit 100.000 Euro in die Hand drücken, wüsste ich nichts damit anzufangen. Ich würde es wieder anlegen." Und wenn er am heutigen Tag die Firma verließe, würde er doch ständig nach Lösungen für den Betrieb suchen und überlegen, was man aus einer bestimmten Situation machen kann. Eines ist schnell klar: Einen Bastelkeller im herkömmlichen Sinne hat der Mann nicht. Sein Hobby ist das Unternehmen.

Arbeiten, um zu leben. Das muss er nicht mehr. „Die schönen Dinge, die mir etwas wert waren, habe ich mir geleistet." Der Mann mit dem großen Fuhrpark weiß: Selbst wenn er sieben Autos besitzt, kann er immer nur eines zur gleichen Zeit fahren. „Und wenn Sie Geld für zehn Brötchen haben, können Sie morgens nur zwei Brötchen essen." Er hat Freunde verloren, die sehr viel Geld hatten. Sie starben früh. Herzinfarkt. Da half ihnen ihr Geld nicht, sonst, meint er, wäre auch ein Steve Jobs noch am Leben. Ein anderer sei mit 56 Jahren gestorben. Der habe in seinem Leben erkennbar nichts richtig falsch gemacht, sogar Sport getrieben, Herzinfarkt – einfach weg.

Bilanz also, was bereut Emekci? Der Psychologe Michael Gervais hat dazu viele Menschen befragt, die er betreut hat. Das häufigste Problem, so hat er gehört, sei die Zeit und wie wir diese nutzen. Viele hätten etwas nicht gemacht, dass sie sich gewünscht, aber immer wieder auf einen anderen Tag verschoben hätten. So bereuen die meisten, nicht mehr Zeit mit den Liebsten verbracht zu haben. Die Familie, oft auch die Freunde, die man gerne häufiger getroffen hätte, das bedauern Menschen oft an ihrem Lebensende. Gervais meint, diese Erkenntnis besäßen viele schon sehr viel früher, sie bräuchten nur den Mut oder die Entscheidung, etwas in ihrem Leben zu ändern.

Das sieht Bülent Emekci ähnlich und doch wieder anders. Der Preis für seine Erfolge sei sehr hoch gewesen. Und noch etwas: „Ich habe meine Jugend nicht ausleben können." Mit 13 begann er zu jobben. Die Teenagerzeit, in der andere flirten, shoppen, rumhängen, sei an ihm vorbeigegangen. Der junge Bülent arbeitete zu jener Zeit hart, um Geld zu verdienen. Geld, das viele seiner Altersgenossen als Taschengeld oder ohne viel Aufwand zur Verfügung hatten. „Ich habe heute manchmal das Gefühl, etwas versäumt zu haben, wenn ich sehe, wie die nachfolgende Generation ihren Lifestyle lebt. Und ich habe damals nicht gesehen, dass das Wichtigste für einen Menschen ist, innerlich zufrieden zu sein und glücklich."

Was er nicht mehr ändern kann: Der Vater Bülent hätte seine beiden Jungen gerne aufwachsen sehen, hätte ihnen gerne seine Muttersprache Türkisch beigebracht, auch die Religion. Es geht ihm dabei weniger um die Kultur als um die Werte, die er ihnen gerne mitgegeben hätte. Immerhin: Am Sonntag trifft sich jetzt die Familie, inklusive der inzwischen ausgezogenen Söhne, um zehn Uhr zum Frühstück. Am Anfang habe er lediglich einen Fehler gemacht: über die Firma gesprochen.

Im Unternehmen selbst hat er Strukturen eingezogen, die den Betrieb unabhängiger von seiner Person machen sollen. Erste Versuche, Verantwortung zu delegieren, musste er aber revidieren: Als die Geschäfte in der Coronakrise wegen der vielen Onlinebestellungen sehr gut liefen, stand die offizielle Übergabe an die nächste Generation kurz bevor. Mit dem 24. Februar 2022, als russische Truppen in die Ukraine einmarschierten, erlitt das Emekci-Unternehmen Rückschläge. Die Wirtschaftskrise, vor allem die Inflation sorgte für eine starke Kaufzurückhaltung der privaten Haushalte. Da hat Bülent Emekci gemerkt, dass er noch nicht gehen kann. „Er braucht ja auch eine Aufgabe, für mich ist er so ein bisschen hyperaktiv", sagt Ehefrau Annette. Ihr Mann brauche Beschäftigung. Sie selbst habe als Lehrerin noch einige Zeit zu arbeiten. Von daher sei es für den gemeinsamen Lebensfeierabend noch eine Weile hin.

Vor vier Jahren, vor der Krise, hatte Emekci das Geschäft faktisch schon seinen Söhnen übergeben. Das habe so nicht funktioniert. Zu den äußeren Erschwernissen kamen interne hinzu. „Es fehlte die Erfahrung im Umgang mit den Menschen." Vielleicht sei es auch zu früh gewesen, sinniert er. Und er habe zu lange zugeschaut: „In der Sorge, meine Kinder zu verlieren, habe ich zu vielem Ja und Amen gesagt, ich hatte einfach Angst, dass sie weggehen. Heute bin ich kritischer. Ich fordere von ihnen: Beweise dich erst einmal."

Dabei sieht der Vater auch die Qualitäten der nächsten Generation. Sohn Can, der Betriebswirt, ist der Mann der Zahlen, er kümmert sich um den Einkauf mit einem Etat von immerhin acht Millionen Euro. Deniz mit der Ausbildung zum Groß- und Handelskaufmann führt die Techniksparte Ultraschall. Doch über die fachliche Eignung hinaus müssten sich beide noch zu Führungspersönlichkeiten entwickeln, „um Menschen für sich gewinnen zu können". Er selbst hat sich die Kompetenz im Umgang mit seinen Leuten hart erarbeiten müssen. Heute noch stellt er sich häufig die

Frage: „Wie weit muss ich den Menschen fördern, wie kann ich ihn fordern, ohne ihn zu überfordern?"

Der Senior ging also in dieser schwierigen Lage des Unternehmens wieder auf die Brücke, und er reffte die Segel. Dennoch weiß er, dass es irgendwann mal so weit ist. „Ich lasse vieles auf mich zukommen, ich habe zwei Kinder, Geschäftsführer und gebe inzwischen viel ab." Mit siebzig, das hört man raus, sieht er sich noch mit der Firma verbunden, vielleicht eher passiv, schauend, begleitend. Er selbst nennt das „mit dem Gehirn und mit den Augen". Schließlich sprechen wir von seinem Lebenswerk. „Er wird sein Kind, die EMAG, nie ganz allein lassen", kommentiert seine Frau. Zudem deutet sich schon jetzt an, dass sein Engagement in Bad Homburg, die Pacht des Restaurants „Am Römerbrunnen", ihn noch eine Reihe von Jahren beschäftigen wird.

Seine Steuerberaterin kann sich sein berufliches Ende ebenfalls schlecht vorstellen. Trotz des ersten Rückschlags nach der Coronakrise geht auch sie davon aus, dass in irgendeiner Form die nächste Generation übernehmen werde. Damit die Söhne in die Führung hineinwachsen können, braucht es Begleitung. Die gestandene Beraterin über all die Jahre soll eine wichtige Rolle bei diesem Übergang spielen, sagen die Söhne.

Unternehmerisch und strategisch sind einige Weichen für die Zukunft schon gestellt. Die Firma soll überschaubar bleiben, nicht um jeden Preis expandieren. „Solange sie kontrollierbar bleibt, darf sie gerne wachsen." Limits gibt es (noch) nicht. Nur ein paar eiserne Regeln. Kredite werden niemals aufgenommen, um zu wachsen. Er wolle nicht abhängig von einer Bank sein. „Wir nehmen es aus dem Umsatz wie in der Vergangenheit." Immer aus eigener Kraft, „kleinere, aber gesunde Brötchen backen".

Was Emekci sich in Zukunft vorstellen kann, ist die Zusammenarbeit mit einem interessierten Kapitalgeber. Einer der bereit wäre, Risikokapital zuzuschießen. Da denkt er an einen Unternehmer, der in Kauf nimmt, dass dieses Geld verloren gehen kann. Was er nicht will: Wenn die Geschäftsidee, in die investiert wurde, nicht funktioniert, dass er oder seine Firma zur Rechenschaft gezogen würden. Selbst ein Teilverkauf an einen strategischen Partner ist für ihn vorstellbar. Mit eigenen Kräften sei man weit gekommen. Aber er prognostiziert seinem Unternehmen in den nächsten fünf Jahren noch mal einen Schub. Dafür muss es professionell aufgestellt sein; die Installierung des neu zusammengesetzten Aufsichtsrats sieht er als einen wichtigen Schritt in diese Richtung.

Hat er Vorstellungen über sein Lebensende? „Wenn ich nicht mehr selbstständig auf die Toilette gehen kann, möge mich der liebe Gott mit einem Herzinfarkt oder Gehirnschlag ohne Schmerzen zu sich nehmen."

▶ Migranten im Alter

Wer kümmert sich um mich, wenn ich älter bin? Diese Frage zu beantworten ist schon für einen in Deutschland geborenen Bürger mit deutscher Abstammung kompliziert genug. „Meine Mutter soll nicht denken, dass sie ins Altenheim abgeschoben wird." Solche Sätze hört man besonders häufig in Familien, deren Wurzeln in der Türkei liegen. Es ist dort selbstverständlich, dass sich die Angehörigen um ältere Verwandte kümmern. Entsprechend

niedrig ist der Anteil von Migrantinnen und Migranten, die in deutschen Altersheimen leben. Nach einer Recherche des Wiesbadener Kurier aus dem Jahr 2021 sind es weniger als fünf Prozent. Dabei ist ihr Anteil an der Bevölkerung im Alter über 60 Jahre auf mehr als ein Viertel gestiegen.
Bisher sind die Angebote in den Senioreneinrichtungen auf deutsche Kultur ausgerichtet. Es genügt nicht, Muslimen oder Juden Essen anzubieten, das kein Schweinefleisch enthält, sagt eine Migrationsexpertin. Ironie der Geschichte: Man findet in Altenheimen sehr wohl viele Ausländerinnen und Ausländer; sie gehören aber zum Personal.
Menschen mit Migrationshintergrund haben ein höheres Armutsrisiko, da sie in ihrer Berufsphase durchschnittlich weniger verdienen. Damit geht einher, dass man in einer kleineren Wohnung lebt und im Alter weniger Geld zur Verfügung hat. Das heißt, dass soziale Kontakte und der Austausch mit anderen nicht nur psychisch von Bedeutung sein können, sondern bisweilen überlebenswichtig sind.
Lösungsansätze gibt es. An der Universität Duisburg wird in Kursen eine „kultursensible Pflege unter Berücksichtigung muslimischer Patientinnen" unterrichtet. Außerdem könnten Pflegerinnen mit Migrationshintergrund eine menschliche Brücke in Alteneinrichtungen und bei der ambulanten Palliativversorgung sein.

Und was sollen die Leute mal über ihn sagen? „Er war ein guter Mensch." Womit zu beschreiben wäre, was einen guten Menschen ausmacht. „Nicht reich, einfach wertvoll gewesen zu sein, das ist das Wichtigste." Emekci sieht sich als einen hyperaktiven Menschen, als einen Löwen oder

Tiger, ehrgeizig, immer unterwegs. Aber bei längerem Nachdenken sieht er einen guten Menschen in dem, der andere bereichert, der ihnen Sicherheit, Mut und Stärke gibt, gute Gefühle vermittelt. Wer im Herzen Schmerzen spüre, aus unerfüllter Liebe oder Unglück, dem helfe auch ein Rolls-Royce vor der Türe nichts. Es gefällt ihm, wenn in der Presse positive Berichte über den erfolgreichen Geschäftsmann Emekci stehen, „Dankeschön für die Anerkennung. Natürlich war ich erfolgreich, es hat mir gefallen." Aber er habe einen hohen Preis dafür bezahlt: „Heute habe ich Tinnitus." Trotz allem würde er den Weg, den er gegangen ist, heute noch mal so gehen. Selbst wenn eine Erkenntnis ihn immer wieder beschäftigt: du kannst nichts mitnehmen.

Das erinnert Bülent Emekci an einen Besuch der Salzburger Festspiele gemeinsam mit seiner Frau. Sie sahen den „Jedermann", das Stück von Hugo von Hofmannsthal. Dort heißt es zu Beginn:

„Darin euch wird gewiesen werden,
Wie unsere Tag und Werk auf Erden
Vergänglich sind und hinfällig gar."

Mitnehmen, wohin? Wir haben es bereits erzählt. Wie viele Angehörige der ersten Einwanderergeneration, der „Gastarbeiter", haben die Eltern schon im Heimatort eine Grabstelle reserviert. Dabei heißt es im Koran, wo du stirbst, sollst du begraben sein. Doch der Wunsch nach Bestattung in heimatlicher Erde ist größer. Und für die Älteren liegt die Heimat in der Türkei.

Bülent Emekci möchte auch nach seinem Tod nahe seiner Familie sein. Ein gemeinsames Grab mit seiner Ehefrau, eine Möglichkeit für die Kinder, sein Grab zu besuchen. Seine Frau Annette ist zwar christlich geprägt, hat auch einige Semester Religion studiert, steht aber der Organisation Kirche kritisch gegenüber. „Wir alle brauchen irgendwo eine Art von Glauben, weil das Halt gibt", sagt sie, aber die Institutionen seien für sie nicht die richtigen Anlaufpunkte.

Inzwischen denken mehr als zwei Drittel der Menschen mit türkischen Wurzeln daran, ihre letzte Ruhestätte in Deutschland zu finden. Die Kinder und Enkel sind ein wichtiges Argument. Nur noch ein Drittel möchte nach seinem Tod in der Türkei zu Grabe getragen werden. Dabei gibt es viel zu wenige muslimische Begräbnisstätten in Deutschland, die nach den Regeln des Islam eingerichtet sind. Dem geht eine andere, derzeit häufig ausgeblendete Frage voraus: Wer kümmert sich um mich, wenn ich älter bin?

Aus eigenem Erleben glaubt Emekci, dass es für Freunde und Angehörige hilfreich und tröstend sein kann, sich dort, wo ein enger Verwandter oder Freund bestattet liegt, Rat zu holen. Wenn er selbst in einer schwierigen Lage ist, zieht es den Muslim in die Moschee – oder an das Grab von Freunden wie Hugo Hosefelder oder einen Nachbarn, der mit 90 Jahren verstorben ist. „Sende mir ein Zeichen", bittet er in diesen Momenten. So sagt es ihm sein Glaube. Und manchmal kommt etwas zurück. „Nennen Sie das Aberglaube oder Glaube. Ich habe den Eindruck, dass da etwas ist." Sein Ratschlag: „Stellen Sie eine Frage und sagen: Schicke mir ein Zeichen. Und Sie werden eine Antwort bekommen, vielleicht aus heiterem Himmel."

Die Autoren

© Helmut Fricke

Peter Lückemeier (1950–2023) war von 1980 bis 2016 Redakteur der Frankfurter Allgemeinen Zeitung, davon die letzten 26 Jahre Ressortleiter der Rhein-Main-Zeitung. Bundesweit bekannt wurde er als Autor der "Herzblattgeschichten", die er 16 Jahre lang für die Frankfurter Allgemeine Sonntagszeitung allwöchentlich verfasste. Er war Autor von mehr als 20 Büchern und zwölf Jahre bis 2023 gemeinsam mit dem vormaligen F.A.Z.-Herausgeber Werner D'Inka Gastgeber der Gesprächssendung „3 kluge Köpfe" auf rheinmaintv.

Fotograf: Harald Kaster

Stefan Schröder, Jahrgang 1957, stammt aus dem Rheinland. Er ist Historiker (M. A.) und hat von 1987 bis 2022 als Redakteur für deutsche Tageszeitungen gearbeitet, u. a. für die Badischen Neuesten Nachrichten, die Frankfurter Allgemeine Zeitung und die Rheinische Post. Zuletzt war Schröder Chefredakteur des Wiesbadener Kurier. Seit 2010 leitet er als Vorsitzender den Presseclub Wiesbaden. Als Herausgeber, Autor und Co-Autor hat er mehrere Bücher über Hessen und Menschen in Hessen veröffentlicht. 2022 wurde Schröder mit dem Hessischen Journalistenpreis für sein bisheriges Lebenswerk ausgezeichnet.